*sciences et société*

Du même auteur

*Dictionnaire de l'audio-visuel, français - anglais / anglais - français,* Flammarion, Paris, 1976.

Entretiens avec
Guitta Pessis-Pasternak

# Faut-il brûler Descartes ?

*Du chaos à l'intelligence artificielle :
quand les scientifiques s'interrogent*

ÉDITIONS LA DÉCOUVERTE
1, place Paul-Painlevé
Paris Ve
1991

## REMERCIEMENTS

Ce livre est le fruit d'étonnantes rencontres qui ont eu lieu aussi bien en France qu'aux États-Unis. Je dois cette chance principalement :

à la complicité des savants, des penseurs dont les entretiens figurent ici,

à la confiance de Frédéric Gaussen, rédacteur en chef-adjoint du journal *Le Monde*,

au concours de Jean-Michel Besnier, conseiller littéraire

à la connivence d'un réseau d'amis fidèles.

Merci à tous.

Si vous désirez être tenu régulièrement au courant de nos parutions, il vous suffit d'envoyer vos nom et adresse aux Éditions La Découverte, 1, place Paul-Painlevé, 75005 Paris. Vous recevrez gratuitement notre bulletin trimestriel **À La Découverte.**


ISBN 2-7071-2073-1

*Ce livre est dédié à mon père.*
G. P.-P.

« La seule pensée qui vive est celle
qui se maintient
à la température de sa propre
destruction. »

DOSTOÏEVSKI.

Cet ouvrage a été édité sous la responsabilité
de Jean-Michel Besnier.

# Présentation

## Hasard ou déterminisme ? La science au tribunal

En juin 1981 eut lieu au Centre culturel international de Cerisy-la-Salle un colloque consacré à l'auto-organisation[1] — colloque interdisciplinaire soutenu par le Centre national de la recherche scientifique. Les orateurs qui s'y manifestèrent étaient de premier plan : Henri Atlan, Cornélius Castoriadis, Jean-Pierre Dupuy, René Girard, Edgar Morin, Pierre Rosanvallon, Isabelle Stengers, Francisco Varela et d'autres, non moins prestigieux. Le retentissement de ces débats de haut niveau fut immédiat et suscita la mise en chantier d'un Centre de recherche sur l'épistémologie et l'autonomie[2] ainsi qu'un important colloque international sur le thème : « Disorder and Order ». Celui-ci se tint en septembre 1981 à l'université Stanford, en Californie ; il accueillit lui aussi les meilleurs représentants de la communauté scientifique : les Prix Nobel Kenneth Arrow et Ilya Prigogine, Michel Serres,

1. Colloque dont les actes furent publiés en 1983 sous le titre : *L'Auto-organisation. De la physique au politique*, sous la direction de Paul DUMOUCHEL et Jean-Pierre DUPUY, aux éditions du Seuil.

2. Plus connu sous le sigle CREA, Laboratoire de l'École polytechnique et unité associée au CNRS que dirige actuellement Jean-Pierre DUPUY.

Heinz von Foerster, Paul Watzlawick, Terry Winograd et le noyau de Cerisy-la-Salle. On ne pouvait plus se le dissimuler : le « nouveau paradigme » débordait l'Hexagone et devenait un phénomène mondial[3]. Impressionnée par ce formidable *brain-storming* scientifico-philosophique, j'ai souhaité interroger ses principaux acteurs, aussi bien en France qu'aux États-Unis, afin de comprendre le caractère novateur — et peut-être révolutionnaire — des idées dont ces réunions « au sommet » furent le théâtre. D'où vient, voulais-je leur demander, que vous réhabilitiez ainsi le hasard ? Pourquoi ne concevez-vous plus le temps à la manière de Newton[4] ? Jusqu'où iront donc les recherches en intelligence artificielle ? Questions parfois délibérément naïves mais toujours passionnées, dont les entretiens qui composent ce recueil sont le résultat[5].

Le préalable de ce livre consiste donc dans le constat d'un véritable bouleversement épistémologique, lié à l'essor de nouvelles théories scientifiques qui cherchent à saisir l'intelligibilité de l'univers à l'aide d'instruments conceptuels s'exprimant en termes de « désordre organisateur », « complexité », « auto-organisation » ou « chaos ». Ce bouleversement touche les disciplines traditionnelles comme la physique, la chimie ou la biologie, mais il concerne au moins autant les domaines théoriques plus récents que sont la cybernétique, la théorie des systèmes, les neurosciences ou bien l'intelligence artificielle. La chose est suffisamment paradoxale pour justifier l'interrogation du néophyte : comment la science, dont l'ambition est de découvrir l'ordre caché de la nature, peut-elle ainsi solliciter les potentialités organisatrices du désordre, du chaos et du hasard ? La réponse du spécialiste se fait rarement attendre : sans cette préoccupation réputée paradoxale, la science ne saurait expliquer les phénomènes de turbulences ou les changements climatiques par exemple, ni les fluctuations boursières[6].

---

3. Le journal *Le Monde* daté du 10 octobre couvrit en ce sens ces différentes manifestations scientifiques.

4. Voir, *infra*, les entretiens de Bernard d'Espagnat et Hubert Reeves.

5. On trouvera à la fin de ce livre, p. 266, les références des lieux et dates de publication de chacun de ces entretiens.

6. On pourra consulter sur ce point le numéro spécial de *La Recherche* intitulé « La science du désordre » (mai 1991).

Thomas Kuhn a montré de manière convaincante comment un système de pensée se trouve mis en cause dans un contexte théorique qui exige la définition de concepts inédits et, de là, la constitution d'un nouveau paradigme. Prenant la mesure de la cohérence des approches conceptuelles contemporaines, Ilya Prigogine n'a pas hésité, dans le même sens, à proclamer l'avènement d'une « rationalité scientifique nouvelle[7] » — une rationalité proprement révolutionnaire puisqu'elle paraît déroger aux idéaux intellectuels les plus ancrés : n'invite-t-elle pas, en effet, à renoncer au déterminisme classique en soutenant que « les lois fondamentales de la nature sont irréversibles et stochastiques, alors que les lois déterministes et réversibles traditionnelles ne sont applicables qu'à des situations limitées » ? De ce point de vue, les cadres de la science classique révéleraient leurs limites en s'avouant parfois mécanistes, réductionnistes et voués à la linéarité.

Tel est bien l'impact de la proclamation de Prigogine, ce théoricien des « structures dissipatives », qui dessine, dès 1979, les lignes de faîte de la métamorphose de la science. Le glas sonne désormais pour Pierre-Simon Laplace dont des générations de savants ont, depuis 1814, récité le credo déterministe : « Nous devons envisager l'état présent de l'univers comme l'effet de son état antérieur et comme la cause de celui qui va suivre. Une intelligence qui, pour un instant donné, connaîtrait toutes les forces dont la nature est animée et la situation respective des êtres qui la composent [...] embrasserait dans la même formule les mouvements des plus grands corps de l'univers et ceux du plus léger atome : rien ne serait incertain pour elle, et l'avenir, comme le passé, serait présent à ses yeux. » Force est de reconnaître que cet idéal déterministe est aujourd'hui battu en brèche, ne serait-ce que par les découvertes de la mécanique quantique qui ont conduit Heisenberg à formuler son fameux principe d'incertitude : si nul observateur ne peut prétendre appréhender simultanément la position et la vitesse d'une particule dans l'espace-temps, comment

7. Cf. *La Nouvelle Alliance. Métamorphose de la science* (en collaboration avec I. Stengers), Gallimard, Paris, 1979.

pourrait-il encore rêver de la formule qui « embrasserait les mouvements des plus grands corps de l'univers et ceux du plus léger atome » ? Prigogine n'aurait-il pas raison de conclure que « la vision probabiliste est plus vraie que celle du déterminisme laplacien » ?

Confrontée aux phénomènes de fluctuations, aux « catastrophes » — c'est-à-dire à l'émergence d'effets disproportionnés avec leurs causes dans les systèmes dynamiques étudiés par la physique de non-équilibre —, la rationalité scientifique classique semble être parfois insuffisante. Le défi du radicalement nouveau appelle probablement un paradigme lui-même nouveau. C'est ainsi que s'annonce dans la science, comme autant de programmes de recherches, ce qui, pour le public, risque de n'apparaître longtemps qu'à titre de « slogans » novateurs : « l'ordre à partir du bruit[8] », « la complexité à partir du désordre[9] » ou, plus généralement, la « complexité » dont Edgar Morin est, en France, considéré comme le théoricien le plus fécond.

Qu'est-ce que la complexité, selon Morin ? « L'extrême quantité d'interactions et d'interférences entre un très grand nombre d'unités [...] qui défient nos possibilités de calcul ; mais la complexité comprend aussi des indéterminations, des phénomènes aléatoires. [...] Elle coïncide avec une part d'incertitude, soit tenant aux limites de notre entendement, soit inscrite dans les phénomènes. » Wiener et Ashby, tous deux fondateurs de la cybernétique, avaient déjà travaillé à la promouvoir sur la scène scientifique, von Neuman achève de révéler le lien qui l'unit aux phénomènes d'auto-organisation et, de là, il ouvre la voie aux théories dont Henri Atlan est aujourd'hui le fer de lance.

A la suite de Heinz von Foerster, qui formula en 1960 le principe « order from noise » contre l'idée traditionnelle selon laquelle l'ordre naturel ne saurait obéir qu'à des lois naturelles (principe « order from order »), Henri Atlan soumet en effet à la réflexion de nombreuses disciplines scien-

8. Voir, *infra*, les entretiens avec Henri Atlan.

9. Expression conceptuelle utilisée pour la première fois en 1947 par Warren WEAVER dans *Science and Complexity (American Scientist).*

tifiques cette conception du hasard organisateur. Ses travaux prolongent et approfondissent les recherches de son prédécesseur américain sur l'émergence de phénomènes ordonnés à partir de turbulences ou de fluctuations chaotiques. Avec lui et quelques autres, tout aussi convaincus que l'ordre doit naître du bruit[10], s'établit « un dialogue ordre/désordre/organisation », selon l'expression d'Edgar Morin.

Mais les conditions de ce dialogue ne réunissent pas les suffrages de tous les scientifiques. Loin s'en faut. Le nouveau paradigme suscite même de talentueux détracteurs. Ne se souvient-on pas de la célèbre polémique qui a défrayé la chronique scientifique française en 1980 et que les éditions Gallimard ont publiée sous le titre *La Querelle du déterminisme* ? Cette querelle mérite d'être retracée ici à grands traits, non seulement parce qu'elle concerne le statut du hasard, mais aussi parce qu'elle met en présence quatre penseurs et/ou savants de renommée internationale. Quatre protagonistes, donc, qu'on présentera selon l'ordre de leur « entrée en scène » : René Thom, Ilya Prigogine, Henri Atlan et Edgar Morin.

Ténor du déterminisme, *René Thom*[11] dresse le réquisitoire[12]. Il connaît assurément l'ambition de la partie adverse : faire naître le descriptible à partir de l'indescriptible ; proposer, à la suite de l'impulsion donnée par les travaux de von Foerster, une explication de l'« ordre à partir du bruit ». La portée de cette ambition ne lui échappe pas : comprendre comment une faible perturbation des conditions initiales suffit à créer de très larges variations dans les effets, comment se manifestent des bifurcations et, si celles-ci tardent, des « catastrophes » dans l'évolution des systèmes dynamiques. Reste que, poursuit Thom, « le jeu mental des théoriciens de l'*ordre par fluctuations* (Prigogine-Stengers) a consisté à gommer men-

10. Voir par exemple, *infra*, l'entretien avec Jacques Attali.
11. Mathématicien, médaille Fields, membre de l'Académie des sciences et créateur de la théorie des catastrophes.
12. On lira également sur ce point : « Halte au hasard, silence au bruit », *Le Débat*, n°3, 1980.

talement le paysage dynamique global au profit de la petite perturbation déclenchante qui va faire s'effondrer la métastabilité du système vers un équilibre d'énergie inférieure ». Mieux vaudrait, selon le mathématicien des « catastrophes », reconnaître que la notion d'ordre est avant tout morphologique, et, en dernière analyse, géométrique, relative et non absolue, de sorte que « dans un système moléculaire, le désordre parfait, absolu à l'échelle de la molécule, peut à l'échelle macroscopique être considéré comme un ordre parfait, puisque tous les points du milieu ont alors les mêmes propriétés observables ». C'est sur une telle analyse de la notion d'ordre, constate Thom, que s'appuie Atlan pour soutenir son principe d'« ordre par le bruit ». Ce qui oblige le « procureur » à affirmer qu'« il s'agit là d'une idée juste, mais dont la fécondité, pour expliquer une morphogenèse spécifique, paraît bien limitée... », d'où la conclusion qu'à ses yeux « le hasard est un concept entièrement négatif, vide, donc sans intérêt scientifique » et que la science aurait bien tort de renoncer pour lui au déterminisme[13]. La péroraison est sans concession : « On s'est un peu trop pressé, dans *La Nouvelle Alliance*, de danser la danse du scalp autour du cadavre du déterminisme laplacien. Le déterminisme en science n'est pas une donnée, c'est une conquête. En cela, les zélateurs du hasard[14] sont les apôtres de la désertion. »

La parole est à présent à la défense, ou plutôt au principal accusé, c'est-à-dire à *Ilya Prigogine*[15] : « René Thom affirme que le déterminisme est une conquête, et il a raison. Mais il ne peut traiter de déserteurs ceux qui soulignent la fécondité et l'intérêt des formalisations de l'aléatoire (depuis la mécanique quantique jusqu'aux chaî-

---

13. Pour sa part, Jean-Pierre CHANGEUX déclare : « Un scientifique ne peut être que déterministe. » Cf., *infra*, entretien avec J.-P. CHANGEUX.

14. Outre l'auteur de *La Nouvelle Alliance*, Thom vise évidemment Henri ATLAN qui publie en 1979 *Entre le cristal et la fumée. Essai sur l'organisation du vivant* (Le Seuil), et Edgar MORIN qui, en 1986, a déjà livré au public trois volumes de sa *Méthode* (Le Seuil, 1977, 1980 et 1986).

15. Prix Nobel de chimie pour ses contributions à la thermodynamique du non-équilibre, en particulier sa théorie des structures dissipatives, et membre de l'Académie des sciences belge.

nes de Markov), ni faire de la conquête du déterminisme l'unique enjeu de la science. » La stratégie de Prigogine est subtile : il ne se reconnaît ni dans le déterminisme de Thom, ni dans le concept d'« ordre par le bruit » de von Foerster, lequel en demeure aux phénomènes d'organisation à l'équilibre, alors que le Prix Nobel ne s'occupe que du non-équilibre. Cette atypie lui confère sur la scène scientifique la position d'un authentique chercheur, à l'abri des orthodoxies, et l'encourage à répondre : « Il est de tradition d'opposer les schémas déterministes et les schémas aléatoires, d'où d'ailleurs la possibilité de deux dogmatismes opposés : le dogmatisme du hasard dont Monod n'était pas exempt, et le dogmatisme du déterminisme dont l'exposé de René Thom est imprégné. Or, s'il existe une surprise dans ce domaine des sciences, c'est que ces deux vues sur la nature se complètent bien plus qu'elles ne s'opposent. » Et tant pis si cela pique !

Troisième protagoniste, *Henri Atlan*[16] ne saurait être en reste. C'est sur le terrain philosophique qu'il situe d'abord le débat : « Le hasard existe-t-il dans la nature ou bien est-il le résultat de notre ignorance des causes, ignorance que la science a précisément pour objet de réduire ? Hasard essentiel ou hasard par ignorance[17] ? » Ainsi posée, la question appelle l'évaluation épistémologique de la notion de hasard : celle-ci a-t-elle trait à la réalité proprement ontologique, ou n'est-elle que le corrélat de notre insuffisance cognitive ? Dans le second cas, cette insuffisance est-elle radicale, c'est-à-dire principielle, ou n'est-elle que contingente, et donc provisoire ? Au moins convient-il de soulever le problème et de ne pas le considérer comme réglé. Atlan sait aussi répliquer : supposer, en effet, qu'un déterminisme absolu régisse tout ce qui surgit dans l'univers, et admettre qu'en droit ses lois cachées pourraient se révéler à notre connaissance, c'est interdire d'envisager l'appari-

16. Médecin, biologiste, professeur agrégé à la faculté des sciences de Paris et à l'université de Jérusalem, membre du Comité national d'éthique pour les sciences de la vie et de la santé. Voir son intervention dans *Le Débat*, n°4, 1980.

17. Voir aussi, *infra*, l'entretien avec Albert JACQUARD, qui pose le problème dans les mêmes termes.

tion de quelque imprévisible que ce soit, puisque nulle nouveauté ne saurait par définition être prédite.

C'est à ce stade de la polémique qu'entre en scène l'ultime protagoniste : *Edgar Morin*[18]. Sachant qu'il n'est de bonne défense qui ne doive d'abord reformuler les chefs d'accusation pour les affaiblir, il résume ainsi le réquisitoire du mathématicien déterministe : « René Thom invente de toutes pièces un trait commun fondamental aux *philosophies sous-jacentes* de Monod, Atlan, Prigogine, Stengers, moi-même : toutes, dit-il, glorifient outrageusement le hasard, le bruit, les fluctuations, toutes rendent l'aléatoire responsable soit de l'origine du monde [...], soit de l'émergence de la vie et de la pensée sur terre. » Or, pour Morin, « ce qui est seul réel, c'est la conjonction de l'ordre et du désordre[19] ». Et il se fait fort de rappeler combien la problématique du déterminisme a évolué au cours du siècle, contraignant à remplacer l'idée de lois immuables et souveraines par celle de loi d'interaction. L'ordre, insiste Edgar Morin, signifie qu'il n'y a pas seulement des lois dans l'univers, mais également des contraintes, des constantes ; pour cette raison, « l'idée d'ordre est plus riche que l'idée de lois » et si elle ne se confond pas avec le déterminisme prêché par Thom, de même le désordre ne se confond-il pas avec le hasard, même s'il l'implique : « Le désordre n'est pas une notion symétrique de l'ordre, c'est un macroconcept. » Le temps n'est plus, renchérit l'avocat de la cause nouvelle, où seul comptait le paradigme de l'ordre : l'actuelle révolution scientifique inaugure l'articulation conceptuelle entre l'ordre, le désordre, l'interaction et l'organisation — le fameux tétragramme cher à Morin. C'est dire que le déterminisme devrait faire place à la problématique d'un ordre devenu inévitablement complexe, c'est-à-dire « lié de façon non seulement antagoniste mais complémentaire au désordre, lequel jette son défi — fécond et mortel, comme tout défi — à la connaissance scientifique ». Il faudrait même aller plus loin et

18. Épistémologue, directeur de recherches au CNRS et au Centre d'études transdisciplinaires de l'École des hautes études en sciences sociales.

19. Cf. *La Méthode*, t. I., p. 75.

constater comme une conséquence fondamentale de cette *scienza nuova* le fait que « la rationalité n'est plus synonyme de certitude, ni la probabilité d'ignorance[20] », de sorte que complexité et imprévisibilité deviennent les caractéristiques intrinsèques de phénomènes aussi divers que la turbulence des fluides, le climat ou l'économie[21].

A bonne distance de cette polémique, dans les coulisses, un homme qui s'est acquis la renommée d'un anarchiste de la connaissance se frotte les mains : *Paul Feyerabend*[22] brûle de baisser le rideau. « Adieu la raison[23] », s'exclame-t-il, rien n'est « objectivement vrai » puisque « pour tout énoncé, théorie ou point de vue conçu comme vrai avec de bonnes raisons, il existe des arguments susceptibles de prouver qu'une vision alternative est au moins aussi bonne, sinon meilleure ». Qu'on se le dise : la science dont l'Occident fait si grand cas n'est qu'une tradition comme une autre, nullement supérieure aux mythologies qu'elle affecte de critiquer. Que les scientifiques continuent de se chamailler, si cela leur plaît. Pour sa part, explique-t-il, il croit « indispensable de défendre l'épistémologie anarchiste face au rationalisme critique, et, en analysant la démarche scientifique — mélange inextricable d'intuition, de logique, mais aussi de propagande — élaborée par des savants afin d'imposer leurs découvertes, j'entends obliger les "rationalistes" à s'exclamer : "*My God*, il semblerait qu'en science *anything goes !*" ». La conclusion est extrême, peut-être même désespérante. On aimerait croire qu'elle concerne seulement le monde de la physique théorique, ce qui justifierait par exemple qu'on y soit parfois tenté par l'enseignement des

20. Ce que souligne notamment Edward W. PLOMAN dans les Actes du colloque « Science et pratique de la complexité », organisé par l'université des Nations unies (Tokyo) à Montpellier en 1984 (actes publiés à La Documentation française).

21. Voir, *infra*, l'entretien avec Jean-Marc Lévy-Leblond.

22. Historien et philosophe des sciences, jadis tenté par le théâtre, il enseigne à l'université de Berkeley (Californie) ainsi qu'à l'Institut de technologie de Zurich. Le public français l'a découvert à l'occasion de la traduction en 1979 de son livre *Contre la méthode. Esquisse d'une théorie anarchiste de la connaissance* (Le Seuil).

23. Titre de son dernier ouvrage traduit aux éditions du Seuil en 1989.

spiritualités orientales[24] pour étayer sa conception de l'univers. Mais la seconde partie de ce recueil d'entretiens révélera que sur le front de l'intelligence artificielle, où l'on devrait pouvoir juger la science à ses résultats tangibles, l'harmonie est loin de régner : certains croient en son avenir, d'autres la considèrent comme un mythe ; certains l'abordent avec une conception mathématique et séquentielle de la rationalité (les cognitivistes), d'autres la confient au modèle du fonctionnement en parallèle propre au réseau neuronal (les connexionnistes). S'exprime là aussi, en définitive, que « anything goes » pourvu que ça marche...

Sans forcément se dire que la communauté scientifique offre le spectacle d'une « croisade », l'homme du sens commun s'étonne de la virulence des débats et, s'il n'est pas disposé à en tirer des leçons de scepticisme (comme Feyerabend pourrait l'y inviter), il voudrait sans doute y voir plus clair. Les entretiens rassemblés dans ce livre pourraient l'y aider[25] : les scientifiques s'y expriment avec précision, détermination ; sans jamais céder à la vaine polémique, ils témoignent du fait que la science est bel et bien en mouvement, qu'elle connaît des bouleversements qui peuvent déconcerter le public mais jamais le décourager. Même si tous ne sont pas convaincus de la nécessité d'un dialogue avec les religions ou les sagesses ancestrales, aucun ne se dissimule la responsabilité politique et sociale qui lui incombe. Mais il n'est sans doute personne pour imaginer que l'approche scientifique du désordre prédispose au cynisme ou, pire, à l'activisme désordonné !

24. Voir, *infra*, l'entretien avec Fritjof Capra.
25. Ils sont précédés dans ce but d'une brève présentation de chaque personne interrogée, accompagnée de la liste de ses ouvrages disponibles en langue française.

## Prologue

# René Thom*, mathématicien des « catastrophes » ou : l'aventure scientifique au risque de l'hérésie

*Comment la science se constitue-t-elle en réalité ? Qu'en est-il de la réalité instituée par la science ? Ces interrogations fondamentales de la philosophie naturelle renvoient d'emblée à une anthropologie de la science.*

*Selon le célèbre épistémologue Thomas S. Kuhn*[1]*, il existe en science deux types de découvertes, « normales » et « révolutionnaires ». Il prétend que l'on passe des unes aux autres à la suite de changements qui apparaissent dans la société à cause d'une maturation historique. La question centrale qui se pose alors est d'ordre phénoménologique : comment tel ou tel « événement » s'est-il constitué en découverte ? Or celle-ci est souvent due à l'évolution de perceptions d'anomalies, de raisonnements par l'absurde, d'interférences fortes... D'ailleurs, cette problématique ramène la question de la découverte à celle de savoir comment une « idée » vient à l'esprit d'un individu.*

*Les éléments dont on dispose concernant l'émergence*

* Mathématicien, lauréat de la médaille Fields, membre de l'Académie des sciences.

1. Thomas S. Kuhn, *La Structure des révolutions scientifiques*, Flammarion, Paris, 1983.

*de querelles entre paradigmes concurrents laissent souvent penser que leur origine essentielle n'est pas due aux normes scientifiques elles-mêmes, mais plutôt aux controverses sur les formulations de modèles rivaux pour expliquer un même phénomène. A ce moment-là, il se peut qu'une nouvelle théorie soit adoptée pour résoudre la crise. La communauté des savants serait ainsi amenée à accepter comme nouveau paradigme de recherche une hérésie scientifique, si celle-ci permet de résoudre le conflit théorique soulevé par les scientifiques. Une révolution en science se produit donc lorsqu'on décide que le nouveau paradigme offre un avenir plus brillant à la recherche scientifique que l'ancien. Quels sont les paramètres permettant de prendre une décision aussi importante ? Une profonde connaissance scientifique du secteur concerné est nécessaire (comme ce fut le cas pour la mécanique quantique ou la relativité) pour pouvoir affirmer que les anciens « protocoles » traversent une crise grave, et que les nouveaux sont plus efficaces pour effectuer un changement de stratégie scientifique.*

*En ne croyant pas à l'existence des « faits purs », Kuhn sape l'objectivité de la science. Pour lui, aucune « cour d'appel indépendante » n'est à même de juger de la pertinence des théories. C'est seulement l'hérésie scientifique elle-même qui est apte à décider de la validité des faits. L'impact des découvertes scientifiques est donc déterminé par notre propre vision du monde, et celle-ci nous est donnée précisément par le paradigme auquel nous avons souscrit.*

*Kuhn refuse de voir la science comme une source de vérités : la science n'est-elle pas une suite infinie de paradigmes dont rien ne garantit que l'un soit plus vrai que l'autre ? Car, en dehors de la science, nous ne possédons aucune voie d'accès au monde qui puisse nous permettre de mesurer le progrès de ces hérésies scientifiques. N'est-il pas courant que des chercheurs situés dans des paradigmes concurrents aient non seulement des concepts différents, mais même des perceptions divergentes et construisent des méthodes dissemblables pour concevoir et organiser leur propre recherche scientifique ? Il s'agit donc de la combinaison de tous ces éléments essentiels qui hisse un paradigme au comble du succès, et le rend incommensurable aux autres.*

*A observer la science comme elle se fait (à cet égard nous devons beaucoup à l'empirisme de la sociologie des sciences anglo-saxonne), la rationalité de ses discours semble souvent résulter de difficiles reconstructions* a posteriori, *et n'est en rien apparente dans la production du savoir où « des méthodes de validation irrationnelles sont rendues nécessaires par le développement inégal des différentes parties de la science*[2] *» ; où « tout est bon » pour féconder le terreau de la science : traditions culturelles, interventions politiques, voire propagande. Ainsi, l'une des figures populaires que cette pratique a fait passer dans l'iconographie scientifique médiatique est la figure de l'hérétique, figure qui suscite souvent l'adhésion de la foule frondeuse, figure cousine de celle des « martyrs » de la religion ou des prophètes, qui seuls proclament la vérité cachée par les coalitions d'intérêts du moment.*

*La communauté scientifique a naturellement ses propres hérétiques, mais ceux-ci sont plutôt d'un modèle « technique ». Il y a, par exemple, le scientifique qui transfère une parcelle de théorie ou de pratique expérimentale d'une discipline à une autre. Autrement dit, qui « greffe » un rameau étranger sur une branche de la science. Au début, on constate une forte réaction de rejet, mais ultérieurement la greffe peut prendre, et l'hérésie temporaire se révèle être ainsi une stratégie audacieuse sur le marché de « l'admiration des pairs », de la récompense du goût du risque. Prenons Pasteur, par exemple, dont le* Blitzkrieg[3] *peut être considéré comme la plus belle démonstration d'une manière scientifique de convaincre tout en échappant aux compromis, au bricolage ou à la dispute.*

*Une seconde catégorie d'hérétique « normal » est le savant méconnu, qui, à la suite d'une découverte, publie un article, oublié dans les bibliothèques avant qu'on ne le redécouvre, s'apercevant ainsi que le chercheur en question avait quelques dizaines d'années d'avance sur son temps. On proclame enfin sa gloire, souvent posthume. Le moine Mendel et ses « lois » forment un bel exemple*

2. Paul FEYERABEND, *Contre la méthode*, Le Seuil, Paris, 1979.
3. Bruno LATOUR, *Les Microbes, guerre et paix,* A.M. Métailié, Paris, 1984.

*de cette disgrâce, de cette calamité de n'être pas compris par la communauté scientifique de son temps. On se sert alors de son cas pour faire accréditer l'idée d'un* Zeitgeist *historique : Mendel fut méconnu à cause de sa conception non orthodoxe du problème étudié.*

*Un hérétique « normal » beaucoup plus courant est le chercheur qui se prend pour un génie méconnu parce que, malgré ses efforts, ses collègues lui refusent la reconnaissance à laquelle il pense avoir droit. Bien que cette catégorie se confonde à l'occasion avec la précédente, il y a cependant des signes qui l'en distinguent : dans le cas du « vrai » savant méconnu, ses contemporains ne comprennent pas les arguments avancés. Ils ne sont pas mûrs pour cela. Tandis que dans le cas du « petit génie », ils s'aperçoivent au contraire très vite des marques d'ignorance, d'approximations, d'erreurs, bref de la faillite du raisonnement. Chaque discipline traîne ainsi ses « martyrs », aigris, frustrés, ignorés par le système de reconnaissance. La communauté scientifique, comme toute autre, est cruelle !*

*Beaucoup plus subtile est l'hérésie qui déborde l'espace restreint du monde scientifique, et qui résonne dans le grand public. Pour valoriser leur propre image de pionniers, les scientifiques ont souvent tendance à s'abriter derrière des personnalités auxquelles on peut conférer l'auréole du martyr. Le « saint patron » fait toujours recette. L'une de ces grandes figures est Galilée. Voilà un savant qui non seulement a inauguré la science moderne en s'opposant à l'obscurantisme de son temps, mais qui a lutté pour la vérité, qui a forgé pour la science le « droit de dire ». Si Galilée finit par l'emporter, c'est moins parce qu'il peut démontrer, que parce qu'il sait persuader, et son argumentation scientifique tire sa force essentielle de ses extraordinaires talents de propagandiste. Or, Galilée ne semble pas avoir été un hérétique pour le monde scientifique luimême, mais plutôt pour le grand public, parce qu'il se trouve pris dans un conflit avec l'Église, qui met en jeu un certain pouvoir temporel.*

*Par ailleurs, la science, activité « sponsorisée » dont les résultats échappent souvent à ses producteurs, est aussi un instrument de pouvoir industriel, militaire, financier ou spirituel, dont il peut être fait usage dans la lutte pour la puissance et la domination. Aujourd'hui, autour des progrès du génie génétique, on trouve les amorces de conflits de ce genre : refus de manipulation génétique ou interdictions proférées par des autorités légales ou religieuses. On voit donc apparaître des candidats à la figure glorieuse de l'hérésiarque. D'ailleurs, la communauté savante n'a-t-elle pas intérêt à produire, de temps à autre, quelques hérétiques, s'assurant ainsi la sympathie d'une population plutôt méfiante à l'égard de ses appétits ?*

*De nos jours, plus intellectuelle est une figure d'hérétique scientifique répandue dans le monde médiatique contemporain, soigneusement construite par les hérétiques eux-mêmes. Il s'agit d'un jeu auquel se plaisent certains savants de renom, qui ont choisi de transgresser la barrière séparant la science du public. Ils partent ainsi à l'assaut de la reconnaissance universelle au grand dam de leurs collègues. S'ils parviennent à occuper les créneaux laissés vides par la disparition des récits libérateurs religieux ou politiques, ils peuvent réussir sans faire d'entorse à la rigueur scientifique. Mais cela ne concerne guère que les sciences qui se placent sur le terrain du récit fondateur, de l'explicitation des origines, comme l'astronomie, l'astrophysique, la préhistoire ou certains aspects de la biologie. C'est beaucoup plus difficile lorsqu'il s'agit de physique, de chimie, ou de mathématiques. Il arrive cependant que la transgression débouche sur le délire : voici qu'un Prix Nobel (Brian Josephson) soupèse le corps astral, et se construit ainsi une auréole romantique de « faux hérétique ».*

*D'autre part, il est assez remarquable que les savants connus pour leurs affinités philosophiques soient souvent aussi d'anciens hérétiques scientifiques (du premier type) qui, après une lutte intense pour imposer leurs conceptions, se sont acquis la reconnaissance du monde savant pour lequel ils sont désormais des géants respectés. Curieusement, ils se placent sur ce terrain philosophique, non pas en tant qu'épistémologues, mais plutôt en tant que critiques de théories scientifiques situées en dehors de leur domaine propre. Ils sont même parfois les supporters d'approches ésotériques, survivances vivaces du temps où la science n'était encore que la supputation des plus étonnantes correspondances entre le microcosme et le macrocosme*[4]*. En somme, du temps où la magie était encore une science !*

*Toutefois, la mécanique quantique, outil de travail privilégié et support ferme des expérimentateurs de toutes disciplines, a été la cible des attaques des plus grands (Einstein, Louis de Broglie) et l'objet de vulgarisateurs qui la tordent en tout sens pour faire douter le bon peuple de la solidité de l'espace et du temps. Cette situation paradoxale du savant affirmé critiquant les autres disciplines est peut-être le reflet des obsessions qui le hantent lorsqu'il construit ses modèles théoriques du réel. Or ceux-ci sont indispensables à la science, qui s'est bâtie, on le sait, à partir du rejet de l'évidence sensorielle avec Descartes, Galilée et Mersenne. Cependant, dans la conception de ces modèles, la mathématique n'est pas le seul support : il y entre des motivations plus troubles. Copernic était un vrai « païen » voyant le « soleil comme l'image de Dieu » ; Newton était un alchimiste convaincu, ce que la Royal Society a réussi à cacher pendant trois siècles. Car sa théorie des attractions n'est pas tout à fait étrangère à la notion d'« amour » chère aux adeptes des « correspondances », ce que l'Académie des sciences française avait bien senti en lui résistant longtemps au nom de la « raison » et de Descartes réunis.*

*Bref, lorsqu'on a conquis la reconnaissance grâce à des moyens légaux, on peut alors se permettre des écarts : jeter le masque, ou se laisser aller à la spéculation. Cela d'autant plus facilement que sur la lancée de sa réputation scientifique, on s'assure automatiquement la fidélité du public. On est supposé avoir le droit de dire et l'accès aux médias.*

*Notre savant devient ainsi un « authentique hérétique » pour ses collègues, qui, à l'occasion, le dénoncent comme tel en leurs cénacles. René Thom, prestigieux mathématicien (médaille Fields, membre de l'Académie des sciences), célèbre pour sa « théorie des catastrophes » — indispensable outil de description/prévision des phénomènes à évolution brusque et imprévisible —, a ainsi remis*

4. Michel FOUCAULT, *Les Mots et les Choses*, Gallimard, Paris, 1966.

*certains aspects de la science contemporaine en question. Le 19 novembre 1984, à l'Académie des sciences, un débat d'une rare violence — ni académique ni feutré — a opposé René Thom et Anatole Abragam à propos de la méthode expérimentale*[5]*. René Thom a mis en doute la prépondérance de l'expérience, en affirmant la primauté de l'imaginaire et de la « théorie » comme description réelle du monde physique, lequel ne peut être appréhendé dans sa totalité par la pratique expérimentale. Anatole Abragam démontre vertement quelle est l'exacte fonction des expérimentateurs dans l'établissement et la vérification des théories. Il prouve notammment toute l'importance de la théorie quantique pour la science contemporaine, dont elle est l'une des clefs de voûte.*

*Or, il est clair que la position marginale de René Thom — scientifique respecté — est, de toute façon, confortable, et que ses brillants paradoxes contribuent à clarifier les enjeux scientifiques en permettant à chacun des camps, dans la fougue et la polémique, de clarifier ses positions. Ce genre d'opposition, qui oblige la science dure à sortir de son ghetto, est excellent pour plaider sa cause face à une opinion séduite par l'aura mystérieuse entourant les « fausses sciences ». Car la science réelle, celle vécue au quotidien par les chercheurs, doit s'efforcer de s'expliquer clairement devant le public intellectuel si elle tient à pénétrer l'univers culturel.*

## Bibliographie

*Modèles mathématiques de la morphogenèse*, Christian Bourgois, Paris, 1980.

*Paraboles et catastrophes*, Flammarion, Paris, 1983.

*Apologie du logos*, Hachette, Paris, 1990.

5. Débat reproduit intégralement dans *La Vie des sciences*, série générale des comptes rendus de l'Académie, t. II, n°1, janvier-février 1985, p. 59-78.

René Thom, cet « aventurier de la pensée », a tenu à préciser ses réflexions lors d'un entretien insolite * :

*Selon vous, le clivage entre science et magie est dû à la géométrie grecque, qui a discrédité la propagation des actions magiques en les traitant d'ésotériques. Or, la mécanique quantique confirme l'inséparabilité de la matière, réhabilitant ainsi l'« action à distance » ; contiendrait-elle de ce fait une pointe de magie ?*

— Il est vrai que la mécanique quantique a un aspect non local et intemporel : les physiciens affirment qu'un électron qui descend le cours du temps fait la même chose qu'un positron — l'anti-particule — qui le remonte. Or, si l'on accepte l'idée que la permanence d'un objet est une forme de causalité, ce phénomène semble montrer que celle-ci peut remonter le cours du temps aussi bien que le descendre. Il est certain qu'il s'agit là d'un paradoxe troublant !

*Il existe d'ailleurs un autre phénomène étonnant concernant l'inséparabilité de la matière : lorsqu'on mesure*

* Entretien de 1991.

*une particule élémentaire, son « alter ego », situé même à une très grande distance, « réagit » simultanément..., ne s'agit-il pas d'une action à distance ?*

— Certes, mais il s'agit d'expériences qui nécessitent d'être soigneusement préparées au laboratoire. Cependant, toute action à distance présente un caractère magique...

*En quoi la mécanique quantique diffère-t-elle alors de la théorie de la « participation » de Lévy-Bruhl, selon laquelle l'homme primitif croyait que deux êtres séparés pouvaient communiquer à distance ?*

— Lorsque ce phénomène se manifeste en physique, il est méticuleusement produit : la même interaction éjecte deux particules qui se comporteront dès lors comme une seule. Or, ce n'est pas le cas de la « participation » de Lévy-Bruhl, selon laquelle il y a présence simultanée d'un être en deux endroits différents : le sorcier dort dans sa hutte tout en courant dans la jungle. Ce « phénomène » doit aussi être préparé, mais selon des procédures très différentes : des rituels, des sacrifices ou des formules magiques. On constate donc une approche fondamentalement différente entre la science et la magie, et c'est précisément la géométrie qui établit cette distinction. On tolère l'action à distance en science uniquement dans la mesure où elle est contrôlée par une formule explicite.

*Il y a donc une différence de style, mais non pas de nature entre les « particules élémentaires » et les « sorciers »...*

— La distinction existe, même si elle est délicate à établir : la pratique scientifique est « contrôlable », au moins statistiquement en ce qui concerne la mécanique quantique, alors que la magie ne l'est que selon des critères collectifs. Et puisque chaque société développe sa propre magie, on ne peut donc pas parler d'un « consensus » en matière d'efficacité magique...

*Ne pourrait-on pas constater deux visions du monde différentes : dans telle société, le consensus est magique, tandis que dans telle autre, il est scientifique ?*

— En effet, avant que la science n'existe, il y avait dans

toute société un consensus par rapport à la magie ; seulement, celle-ci différait d'un groupe à l'autre. Or, nous pensons au contraire que la science est *universelle* : que ce soit au Japon, en Union soviétique ou en France, malgré des comportements sociologiques différents, il s'agit de la *même* science ! D'autre part, la science est *efficace*, alors que la magie n'a que de faibles capacités de succès. Les actions à distance scientifiques sont rigoureusement contrôlées, par la géométrie justement, qui est le véritable antidote de la magie.

*Si, pour Durkheim, des concepts primitifs comme Mana (en Polynésie) ou Orenda (chez les Sioux) étaient les ancêtres des notions modernes de force et d'énergie, où se situe alors la rupture entre la magie et la science ?*

— D'une part, la science moderne a tendance à évacuer l'action à distance (évidemment, il y a des résidus, comme ceux de la mécanique quantique). Et, d'autre part, elle évacue aussi la propagation par similarité : c'est-à-dire l'idée qu'une « forme », indépendamment de son substrat matériel, puisse être efficace. Or, la lumière se comporte comme une influence magique : en partant d'une source, elle « constitue » les objets sur lesquels elle se diffuse. Il y a donc propagation du pouvoir illuminant, exactement comme il y a propagation d'une action magique. D'ailleurs, on retrouve ici ma « théorie des prégnances », selon laquelle certaines entités physiques comme les champs magnétiques ou électro-magnétiques se comportent comme des *agents d'influence magique*.

*Malinowski soutenait que les « primitifs » ont recours à la magie lorsque leurs connaissances techniques sont insuffisantes...*

— En réalité, la magie a, dans l'univers primitif, une fonction d'« intelligibilité » : c'est un système de pensée qui permet de concevoir les processus naturels et de fournir éventuellement les moyens d'agir sur eux. La magie est l'ancêtre de la science uniquement dans la mesure où elle est un procédé de représentation des forces physiques, qui permet la compréhension et parfois l'action. L'interpénétration de la magie et de la technique fut indispensable pour stabiliser la construction des instruments.

*La technique continue-t-elle alors de revêtir un aspect magique ?*

— Évidemment. Il suffit d'ouvrir la radio pour voyager sur des milliers de kilomètres. Tous nos instruments modernes, si l'on en ignore les lois de fonctionnement, sont porteurs de magie...

*L'effet magique ne serait-il ainsi qu'une affaire de circonstances : un hologramme projeté aux Zoulous serait de la magie, alors qu'en Occident il n'est qu'un simple phénomène de physique. De même, certains aspects de la mécanique quantique, qui apparaissent aujourd'hui comme « magiques », seront banalisés demain...*

— Il est certain qu'il s'agit d'un phénomène de relativité dans l'espace comme dans le temps. La mécanique quantique nous paraît magique uniquement parce qu'il nous manque encore un bon modèle géométrique. Nous jouons formellement avec ce « joujou », sans comprendre ce qui se cache derrière. Or, je suis convaincu qu'un jour quelqu'un le révélera explicitement. De même, lorsque les Anciens ont constaté les effets étonnants de la pierre de magnésie (l'aimant), ils les ont attribués à la magie, tandis qu'actuellement le magnétisme est devenu un concept parfaitement scientifique. Une « loi physique » est comme une « formule magique », mais qui réussit à chaque coup !

*Pourquoi estimez-vous que votre « théorie des catastrophes » permettrait de réconcilier la science et la magie ?*

— Parce que le concept des « prégnances » a une validité qui dépasse la distinction entre science et magie. On peut l'utiliser à la fois dans un univers préscientifique et dans un univers scientifique moderne. Les « formes » investies d'une prégnance ont certaines propriétés intrinsèques et sont donc un facteur de puissance, exactement comme les formes magiques. Or, la science moderne est précisément parvenue à éliminer ce pouvoir initial des formes.

*Comment la communauté scientifique vous considère-t-elle, tenant de tels propos ?*

— Comme un marginal. J'ai été récemment attaqué à

l'Académie des sciences comme un « corrupteur de la jeunesse » ! Pour un peu, on me réservait le sort de Socrate : beaucoup voudraient me faire boire la ciguë…

*Parce qu'ils ont encore peur de la magie ?*

— Les scientifiques n'ont pas peur de la magie, ils sont trop convaincus de posséder eux-mêmes une magie bien plus puissante que toutes les autres !

# I

## *Le désordre organisateur*

1

## Ilya Prigogine* : architecte des « structures dissipatives »

*L'homme sait aujourd'hui qu'il n'est pas seul dans l'immensité indifférente de l'univers ; si la science classique, du haut de son savoir omniscient, avait acculé la nature à n'être qu'un automate désenchanté, la science contemporaine, par son « écoute poétique », lui a rendu sa puissance innovatrice et par un fructueux dialogue a réintégré l'homme à l'univers qu'il observe.*

*L'un des fondateurs de cette nouvelle vision du monde est* Ilya Prigogine *— né à Moscou en 1917 —, lauréat en 1977 du prix Nobel de chimie pour ses contributions à la thermodynamique de non-équilibre et tout particulièrement pour sa théorie des « structures dissipatives » — création de l'ordre par le désordre. Cet esprit présocratique a inventé le concept d'« ordre par fluctuations » : paradigme salué par Michel Serres comme « la nouveauté même », qui prouve que le chaos entropique, par d'infimes fluctuations/bifurcations, est source d'évolution, jaillissement de nouvelles organisations complexes. Sa théorie permet des extrapolations aux domaines les plus divers : de la formation*

* Professeur à l'université libre de Bruxelles, Prix Nobel de chimie, membre de l'Académie des sciences belge.

*des tourbillons à l'organisation des termites, en passant par la croissance urbaine.*

*Cette nouvelle approche scientifique souligne l'importance capitale du temps irréversible — ce flux du devenir —, pierre angulaire de tout changement. Or, les récentes métamorphoses de la science concourent à une « nouvelle alliance », à la convergence des deux cultures, scientifique et humaniste, qui s'interrogent sur la signification des mêmes phénomènes : le devenir, la réhabilitation du désordre, et le hasard organisateur... Bref, la science déterministe classique cède le pas à une nouvelle science pluraliste : respectueuse d'autres interrogations, d'autres cultures, dont le message semble pouvoir s'intégrer dans un champ culturel plus vaste, inaugurant peut-être une nouvelle ère du savoir.*

## Bibliographie

*La Nouvelle Alliance. Métamorphose de la science*, avec Isabelle STENGERS, Gallimard, Paris, 1979.

*Entre le temps et l'éternité*, avec Isabelle STENGERS, Fayard, Paris, 1988.

*Temps et devenir. A partir de l'œuvre d'Ilya Prigogine*, Actes du colloque de Cerisy de 1983, Éditions Patino, Genève, 1988.

# I*

*La physique moderne a tant bouleversé les notions classiques de matière, d'espace et de temps, qu'Einstein s'est exclamé : « C'était comme si le sol s'était dérobé, sans qu'aucun fondement solide soit visible. » Les récentes découvertes pourraient-elles le rétablir ?*

— Il est exact que les sciences sont engagées aujourd'hui dans un processus de refonte conceptuelle. En ce qui touche la matière, les atomistes grecs nous avaient légué un projet : tenter de concilier la permanence et le changement. D'où l'idée de combinaisons temporaires d'éléments permanents : atomes et molécules hier, particules élémentaires aujourd'hui. Or, l'une des découvertes fondamentales des dernières décennies est justement celle de l'instabilité des particules élémentaires. Si les expériences en cours s'avèrent positives, il nous faudrait conclure que le projet atomiste, si fécond qu'il ait été, atteint aujourd'hui ses limites. Par ailleurs, nous avions aussi recherché des symétries dans l'univers : le cas le plus frappant est celui des équations de la mécanique quantique concernant particules et antiparticules. Or, ces dernières sont un produit de labo-

* Entretien de 1982, concernant *La Nouvelle Alliance, op. cit.*

ratoire, et nous sommes dès lors amenés à conclure que cette symétrie n'est pas une nécessité dans notre environnement cosmologique. Nous vivons donc dans un univers à symétrie brisée, étranger à l'idéal d'harmonie géométrique de la physique classique. Des refontes aussi fondamentales nous attendent aussi concernant l'espace et le temps; celui-ci n'est plus le paramètre externe de la dynamique classique, voué au seul rôle de baliser les trajectoires. Il présente désormais des caractéristiques différentes, liées davantage à l'irréversibilité et dès lors à l'histoire à tous les niveaux, des particules à la cosmologie. A l'époque où la mécanique classique régnait sans conteste, on pouvait parler de niveau fondamental. Aujourd'hui la physique s'est ouverte, et nous sommes amenés à parler de pluralité de niveaux interconnectés, sans qu'aucun puisse désormais se donner comme prioritaire ou fondamental.

*Que pensez-vous alors de l'hypothèse d'Einstein selon laquelle le champ est l'unique réalité?*

— Il nous est de plus en plus difficile d'admettre qu'un seul concept puisse refléter les différentes facettes de l'univers. Mais si l'on souhaite citer un élément particulier qui déborde les subdivisions classiques des sciences, je proposerais plutôt la redécouverte du temps. On dit souvent, et avec raison, que notre siècle a été marqué par deux révolutions en physique : la mécanique quantique et la relativité. Au départ, ces théories ont été formulées comme de simples corrections à la mécanique classique, dont elles gardaient la vision déterministe et réversible. Mais à présent, la mécanique quantique est devenue la théorie qui nous donne les lois de transformation entre particules élémentaires. Quant à la relativité, elle constitue le cadre théorique de l'histoire thermique de l'univers. Autrement dit, ces deux disciplines se sont «temporalisées».

*De quelle façon la vision déterministe de la science classique peut-elle faire face à l'impact du hasard?*

— Peut-être pouvons-nous d'abord évoquer le démon de Laplace. Vous savez que, pour peu qu'on lui fournisse les informations nécessaires sur un système dynamique, ce démon est capable de calculer tout état futur ou passé du système. Or, dans l'univers décrit par les sciences modernes, l'aléatoire joue un rôle croissant. La vision probabiliste est apparue d'abord dans les tentatives de justification microscopique de l'entropie : c'est l'œuvre importante de Boltzmann. Puis vint le coup de tonnerre de la mécanique quantique : malgré d'innombrables essais pour revenir à l'orthodoxie déterministe, les probabilités continuent à y jouer un rôle irréductible. A notre échelle d'êtres vivants, agrégats macroscopiques, il semblait que la loi des grands nombres pouvait rétablir de fait le schéma déterministe. Mais voici que les probabilités font leur entrée en force, même dans ce monde-ci : c'est là un des aspects de la découverte de l'autostructuration des systèmes macroscopiques loin de l'équilibre. Ce qui les rattache à l'aléatoire tient à la variété des formes que, d'une expérience à l'autre, ces mécanismes de structuration peuvent déployer, malgré le contrôle rigoureux des conditions expérimentales. Il ne s'agit plus ici de phénomènes calculables au moyen de lois générales : près de l'équilibre, les lois de la nature sont universelles ; loin de l'équilibre, elles sont spécifiques. Ces « instabilités » exigent un flux d'énergie, elles dissipent de l'énergie. D'où le nom de « structures dissipatives » que j'ai donné à ces instabilités aujourd'hui étudiées dans de nombreux laboratoires.

*Dans une récente série d'articles publiés par la revue* Débat, *le sens de l'aléatoire a été vivement discuté ; faut-il penser qu'il est inhérent à la nature ou à notre mode de description ?*

— Cette question n'a cessé, depuis la formulation de la mécanique quantique, de relancer des controverses exacerbées. Il est certes possible qu'un observateur situé en dehors de la nature voie un monde différent et en donne une description déterministe. Mais c'est là un pseudo-problème car je crois que la science se préoccupe des modèles de la réalité que nous élaborons, plongés dans le monde comme nous le sommes. Les découvertes de ce siècle, de la mécanique quantique aux instabilités hydrodynamiques, montrent que les schémas déterministes nous sont inaccessibles. La recherche actuelle s'oriente vers l'incorporation d'éléments aléatoires plus nombreux. C'est aussi vrai de la cosmologie relativiste de Hawking que de l'étude des insectes sociaux, où des auteurs aussi qualifiés que Pierre Paul Grassé ou Rémy Chauvin insistent sur le rôle de l'aléatoire dans le comportement social.

*Si votre « écoute poétique » de la nature a réintégré l'homme à l'univers qu'il observe[1], en quoi cette vision répond-elle aux affirmations de Jacques Monod : « L'ancienne alliance est rompue, l'homme sait aujourd'hui qu'il est seul dans l'immensité indifférente de l'univers[2] » ?*

— Jacques Monod a été très conscient des propriétés remarquables de la vie, qui, à première vue, semblaient opposer le vivant au non-vivant. Selon lui, la vie est en marge de la physique : c'est une fluctuation, le résultat d'un hasard miraculeux qui se perpétue. Mais dans l'univers structuré que je viens d'évoquer, la situation de la vie est moins miraculeuse. Elle plonge des racines profondes dans des propriétés de la matière qui n'ont été mises en évidence que tout récemment. Il est intéressant de noter que, loin de l'équilibre, la matière acquiert des propriétés nouvelles, qu'exprime l'exemple des horloges chimiques : sensibilité vive à de faibles variations, communication à distance entre molécules, effets de mémoire des chemins parcourus. Depuis le début de ce siècle nous savions que la matière présente des propriétés ondulatoires au niveau microscopique : c'est la dualité onde/particule de la mécanique quantique ; or, voici que la matière dans son acception macroscopique, telle que nous la rencontrons dans les réactions chimiques, peut aussi acquérir ce caractère ondulatoire. C'est en ce sens que la fameuse opposition entre les partisans de l'interprétation réductionniste et ceux de l'explication holiste est dépassée.

*Si la connaissance scientifique est tributaire d'une culture, influencée par l'idéologie propre à une société, quelle dialectique peut s'instaurer entre science et société ?*

— La redécouverte du temps est peut-être un élément d'unification entre science, culture et société. Hier, la

1. Cf. *La Nouvelle Alliance, op. cit.*
2. Jacques MONOD, *Le Hasard et la Nécessité*, Le Seuil, Paris, 1970.

science nous parlait de lois éternelles. Aujourd'hui elle nous parle d'histoire de l'univers ou de la matière, d'où un rapprochement évident avec les sciences humaines. De plus, ce rapprochement se produit à un moment où l'explosion démographique change les relations de l'homme avec autrui et avec la nature. Dans cette perspective, la dialectique entre science et société prend des formes nouvelles. Ou, pour reprendre une idée de Serge Moscovici, la science apparaît comme moins ésotérique, moins occupée de pièces de musée. Elle se trouve davantage liée au destin de l'homme, elle s'intègre désormais dans l'ensemble des expressions de l'inventivité humaine.

*Précisément, votre conception des « structures dissipatives » frappe par sa richesse d'extrapolation à des champs multiples, de l'organisation des termites à la croissance humaine. Serait-ce le nouveau paradigme esquissé lors du colloque de Stanford[3] ?*

— Je n'aime pas trop le mot « paradigme ». Bien sûr, en physique classique, il existait un genre de paradigme : un schéma unique, fondamental, celui de la dynamique auquel tous les autres domaines devaient être réduits, tandis qu'aujourd'hui le monde de la physique contient à la fois des modèles comme le pendule avec sa loi réversible, mais aussi les réactions chimiques, caractérisées par l'irréversibilité de la flèche du temps. Je ne crois pas qu'il soit possible, et moins encore souhaitable, de réunir toutes les possibilités dans un seul modèle. Par contre, il faut dépasser les contradictions, pour être à même de passer d'un mode de description à un autre. Ne vivons-nous pas dans un seul univers ?

*Le phénomène de l'entropie ne serait-il pas ce moyen ?*

— Peut-être est-il bon, en effet, de rappeler que le second principe de la thermodynamique, qui constitue le nœud de cette nouvelle théorie, est au carrefour d'une série de connotations. Il renvoie bien sûr à l'oubli des conditions initiales, à la flèche du temps avec le brisement de symé-

3. Cf., dans *le Monde* du 10 octobre 1981, l'article de Christian DELACAMPAGNE.

trie qu'elle implique, et surtout à la notion de spontanéité. Les phénomènes d'accroissement de l'entropie marquent la limitation de notre pouvoir. Pour reprendre une belle expression de Jankélévitch, « le sens de la futurisation est la servitude fondamentale imposée à toutes nos manipulations ». Cette impossibilité d'échapper à l'entropie est le concept clé par quoi le second principe se rattache aux deux autres grandes révolutions contemporaines : la relativité et la mécanique quantique. Ce sont les impossibilités inhérentes à ces deux théories qui les ont signalées comme des nouveautés majeures : l'impossibilité de communiquer en faisant fi de la vitesse de la lumière, dans le cas de la première ; et l'impossibilité de mesurer simultanément le mouvement et la position d'un électron, dans celui de la seconde. Cette évolution convergente nous confronte sur deux terrains aux limites de notre pouvoir de manipulation : elle nous rend un site d'activité au sein de la nature, et nous retire de la position de survol où la physique classique nous avait relégués.

*Si la métamorphose de la science contemporaine semble avoir été déclenchée par l'irruption du temps irréversible et de l'entropie constructive, pourquoi a-t-on mis si longtemps à conceptualiser ces phénomènes pourtant fondamentaux ?*

— Pour comprendre ce retard, on peut certes invoquer des raisons liées à l'évolution des sciences. Le caractère réversible de la dynamique classique ou même de la mécanique quantique était si bien établi que les phénomènes irréversibles ont pu être perçus comme une approximation dénuée de tout véritable intérêt. Aujourd'hui, nous avons reconnu le rôle constructif de l'irréversibilité. Il me semble qu'il y a ici une remarquable convergence entre l'histoire interne et l'histoire externe des sciences contemporaines. Des interrogations nouvelles naissent, inspirées par le climat social nouveau qui s'établit dans le monde. Dans son dernier ouvrage, Serge Moscovici cherche à savoir comment il se fait que « l'âge des foules » débouche partout sur le temps des meneurs de peuples[4],

4. Serge MOSCOVICI, *L'Age des foules*, Fayard, Paris, 1981.

l'action des masses fait place aux leaders. Cette constatation pertinente marque le rôle des bifurcations dans de nombreuses sociétés. Peut-être même est-ce cela qui donne tant d'intérêt à l'étude de l'évolution des sociétés qui se produit dans des laps de temps étonnamment courts. Ne pouvons-nous pas y trouver une clé pour mieux imaginer d'autres bifurcations qui se produisent à des échelles de temps pour nous inaccessibles hors les informations que nous livre l'histoire naturelle, biologique ou géologique ? Mais il ne s'agit pas de proposer aux sciences spécifiques une discipline passe-partout ; chaque domaine demande une étude particulière.

*Depuis toujours, le temps n'a cessé de susciter une pluralité d'interprétations : selon Newton, « le temps absolu coule uniformément » ; pour Bergson, « le temps est invention ou rien », tandis que vous évoquez la multiplicité des temps vécus coexistant dans l'unité du temps réel.*

— Nous sommes en fait en présence de deux temps et nous savons à présent comment passer de l'un à l'autre : d'une part, le temps des horloges, des trajectoires de la dynamique classique, le temps de la communication. Ce temps est en quelque sorte extérieur à nous, qui émettons et recevons des signes. C'est un temps que nous mesurons à nos montres, mais qui ne fait pas autrement partie de notre corps vécu. Il y a par ailleurs le temps structurel que j'ai appelé interne, marqué par l'irréversible et les fluctuations, proche du « temps invention » de Bergson. Le temps externe, c'est le temps de Newton développé par Einstein. Vous connaissez la controverse Bergson/Einstein : celui-ci estimait que « la distinction entre passé, présent et futur est une illusion, si tenace soit-elle », et qu'elle n'appartenait pas au domaine de la science. Appeler illusion ce qui est l'expérience primordiale de notre vie, c'est remettre en cause la notion même de réalité.

*Comment Einstein a-t-il pu ainsi nier l'essentiel de la vie ?*

— Je crois qu'il y a une étrange dualité chez lui. D'une part, c'est un homme solitaire, qui a peu de disciples ; d'autre part, sa conception scientifique décrit un monde idéal et fraternel, un monde peuplé d'observateurs situés dans des champs gravifiques différents ou animés de vitesses variées. Ces observateurs communiquent leurs visions respectives en échangeant des signaux lumineux. Dès lors, la principale préoccupation d'Einstein fut de garantir l'objectivité de ces communications. Or, d'une certaine manière, il n'est pas allé au bout de son propre raisonnement, parce que la communication est en elle-même un mécanisme d'irréversibilité : une fois la communication établie, la situation diffère de ce qu'elle était auparavant. L'existence même d'une flèche du temps commune aux systèmes physiques et à l'homme est peut-être le fait qui exprime de la manière la plus frappante l'unité de l'univers ; c'est sans doute l'élément unificateur par excellence de la vision moderne de la nature.

*Vous concluez votre étonnant livre en citant un conte talmudique : « Dieu s'écria à la vingt-septième tentative de la création du monde : pourvu que celui-ci tienne ! » Seriez-vous un savant qu'inspirent les traditions spirituelles ?*

— Si j'ai cité ce conte, c'est parce que j'ai trouvé remarquable cette insistance sur l'aléatoire dans un texte sacré qui est d'habitude du domaine de la certitude et de l'omniscience. Je ne pense pourtant pas être inspiré par les traditions spirituelles. Il me semble que je suis beaucoup moins tourné vers le passé que vers l'avenir.

*Justement, en cette période de transition en fin de siècle, quelle serait votre vision du nouveau rôle de la science ?*

Nous traversons une période d'explosion démographique. On peut schématiquement parler de situation transitoire entre deux états quasi stationnaires qui correspondraient, l'un à l'humanité du début du XIXe, l'autre à l'humanité nombreuse dont les effectifs pourraient se stabiliser vers le milieu du siècle prochain. La science a une fonction sans doute décisive à remplir dans cette transformation : elle a cessé de s'identifier au désenchantement du monde. En cette période de transition, la science nous donne du devenir une image moins mutilante que le déploiement automatique des lois déterministes classiques. Elle exprime notre interrogation devant un monde plus complexe et plus inattendu que la science classique ne pouvait l'imaginer. Nous avons donc dû abandonner la tranquille quiétude d'avoir déjà déchiffré le monde. La science se libère des attaches idéologiques du XVII<sup>e</sup> siècle européen, pour chercher un langage plus universel, plus respectueux d'autres traditions et d'autres problématiques. Peut-être, dans cette atmosphère renouvelée, verrons-nous, comme le souhaite Michel Serres[5], la problématique refluer des philosophies vers les sciences, peut-être verrons-nous des formes nouvelles de rencontre entre nos savoirs et nos pouvoirs. Plus que jamais, la science apparaît comme l'un des dialogues les plus fascinants que l'homme ait noués avec la nature.

5. Michel SERRES, *Genèse*, Grasset, Paris, 1982.

# II*

*Qu'est-ce que le paradoxe du temps ?*

— Alors que la science classique insistait sur la stabilité et le déterminisme, aujourd'hui, nous voyons partout des instabilités, des fluctuations, des bifurcations : il s'agit d'un changement de perspective caractéristique de la seconde moitié du XX^e siècle. Et pourtant il existe encore aujourd'hui un *paradoxe du temps* puisque celui que nous vivons est essentiellement irréversible, tandis que dans des objets physiques simples — un pendule ou le système planétaire — on ne voit pas cette flèche du temps. Le temps que nous vivons serait-il alors illusion ou, au contraire, une propriété fondamentale de l'univers ? Einstein voulait ramener la physique à une géométrie dont la notion d'irréversibilité serait éliminée.

De quand date la prise de conscience de ce paradoxe ? De l'apparition de la théorie darwinienne, parce qu'elle était la première à traiter de l'évolution et, de ce fait, de l'*irréversibilité*. Et la formulation, six années plus tard, du célèbre second principe de la thermodynamique a été le pendant physique de cette théorie darwinienne puisque

* Entretien de 1991.

« entropie » veut dire, en grec, « évolution », qui ne peut qu'augmenter au cours du temps. Or, dans l'esprit des fondateurs de la thermodynamique, cette entropie était associée au *désordre* : l'histoire de l'univers se présentait comme une transition d'un ordre initial vers un désordre croissant et le monde allait forcément vers une mort thermique. Le premier à essayer d'intégrer cette vision évolutive de l'univers aux concepts fondamentaux de la physique classique fut Boltzmann, qui proposa, en 1872, un modèle microscopique de l'irréversibilité. Mais Boltzmann n'arriva pas à réfuter les arguments qu'on lui opposait car les équations de base et la dynamique classique étaient réversibles : quand on renverse la flèche du temps, les équations restent valables : le pendule ne connaît pas de succession du temps. Dès lors, Boltzmann hésita : il n'y avait peut-être pas de flèche du temps à proprement parler, seulement des probabilités. Considérons deux boîtes de même volume et mettons-les en communication : si l'on met 50 particules dans une boîte et deux dans une autre, au bout d'un certain temps il y en aura 26 de chaque côté. Or, si c'est cela l'évolution vers l'équilibre, il n'y a plus de flèche du temps, car en attendant assez longtemps, il y aura à nouveau 50 particules d'un côté et 2 de l'autre, et le système reprend sa configuration initiale. Autrement dit, s'il nous semble qu'il y a une flèche du temps, c'est uniquement parce que nous n'avons pas la patience d'attendre que l'état initial se reproduise. Ainsi, Boltzmann fut vaincu. La facilité avec laquelle le monde scientifique a accepté que « le temps est une illusion » (Einstein l'a répété souvent) me semble liée à l'idéologie de la science classique, très claire dans les célèbres discussions entre Clarke (parlant pour Newton) et Leibniz. Ce dernier soulignait que pour Dieu il n'y a ni passé, ni présent, ni futur, puisqu'il voit tout simultanément. De ce fait, pour un scientifique, l'élimination du temps serait la preuve de la proximité de sa vision de la vérité de celle du Dieu de la théologie classique. D'ailleurs, la conception leibnizienne reste encore vivante aujourd'hui puisque Stephen Hawking[6], dans un ouvrage fort lu,

6. Stephen HAWKING, *Une brève histoire du temps*, Flammarion, Paris, 1988.

explique que le « temps vrai » est le « temps imaginaire ». Que cherche-t-il à indiquer par là ? En introduisant le « temps imaginaire », l'espace et le temps jouent le même rôle dans l'espace/temps à quatre dimensions à la base de la relativité. En effet, de cette manière, les signes de la contribution spatiale et de la contribution temporelle à l'intervalle d'espace-temps sont les mêmes. Ailleurs, Hawking écrit que la différence entre l'« espace » et le « temps » ne serait qu'accidentelle, due à une fluctuation quantique qui se serait produite au moment du Big Bang. Or il est difficile d'accepter cette idée d'« accident » à l'origine de la flèche du temps, puisqu'elle dure depuis l'apparition même de notre univers. Par ailleurs, si l'on a mis si longtemps à résoudre le « paradoxe du temps », cela est dû aussi à des difficultés techniques : comment s'attaquer à des « forteresses » aussi puissantes que la physique de Newton, la mécanique quantique de Schrodinger ou la relativité d'Einstein ? Pourtant, c'est inévitable si l'on veut introduire le « temps » à l'échelle microscopique. Pourquoi ressentons-nous actuellement le « paradoxe du temps » avec plus d'acuité qu'au début du siècle ? C'est le résultat de multiples recherches : tout le monde parle aujourd'hui de la « flèche du temps » cosmologique, biologique, ou encore à l'échelle des particules élémentaires. Curieusement, ce sont des sciences classiques qui ont davantage contribué à nous mettre face à ce paradoxe : la thermodynamique, d'un côté, et le renouveau de la dynamique, de l'autre. L'extension de la thermodynamique aux états de non-équilibre a été un facteur important. C'est loin de l'équilibre que nous trouvons les structures dissipatives telles que oscillateurs chimiques, systèmes chaotiques, qui mettent en évidence le rôle constructif de l'irréversibilité. Jusqu'à Poincaré, on pensait que tous les systèmes dynamiques se ressemblaient, étaient plus ou moins comparables au système planétaire et au pendule. Mais Poincaré a montré qu'il y avait deux grands types de systèmes dynamiques : « intégrables » et « non intégrables ». Cette classification paraît abstraite, mais en fait elle correspond à quelque chose de très simple : tout système dynamique comprend une « énergie cinétique » et une « énergie potentielle d'interaction ». Dans les « systèmes intégrables », on peut éliminer cette énergie potentielle et obtenir un système formé de particules indépendantes, alors que dans les « systèmes non intégrables », l'« interaction » est irréductible et indispensable pour comprendre le comportement du système. Le sens physique non intégrable est resté longtemps obscur. De grands progrès ont été réalisés grâce à la théorie de Kolmogorov, d'Arnold et de Moser appelée théorie KAM. Cette théorie montre que dans les systèmes non intégrables il y a deux types de trajectoires : périodiques (comme dans les systèmes dynamiques habituels) et aléatoires. Nous trouvons là une manifestation du chaos dynamique. Deux trajectoires voisines s'écartent exponentiellement au cours du temps. C'est un phénomène qui a donc introduit les notions de probabilité, de hasard au cœur même de la mécanique classique, bastion du déterminisme. Ainsi, la situation a complètement changé : une fois que l'on comprend que la dynamique n'est pas déterministe, que la notion de trajectoire se perd avec le temps, et que cette perte d'information conduit nécessairement à une forme d'irréversibilité, on doit conclure que la solution du « paradoxe du temps » est liée à une meilleure compréhension des systèmes dynamiques instables. Or l'étude présente des difficulés mathématiques considérables, parce qu'elle conduit à des divergences[7] qui proviennent essentiellement de résonances, c'est-à-dire des relations (rationnelles entre les fréquences). Poincaré écrivait déjà que l'élimination de ces « divergences » constitue le problème fondamental de la dynamique. Or, dans les travaux faits par mes collègues et moi-même, nous résolvons ces divergences en introduisant un « second temps » (lié à ce que les mathématiciens appellent le « prolongement analytique »). Pour expliquer ce que nous voulons dire par là, demandons-nous : est-ce qu'un verre d'eau vieillit ? Est-ce que son comportement reflète une direction privilégiée du temps, contrairement au cas du pendule qui, comme nous l'avons dit, n'en a pas ? Je crois que oui : quand deux molécules s'écartent après s'être heurtées, il reste une corrélation entre elles, de même qu'il reste le souvenir d'une

7. « *Divergence* : propriété d'une série dont la somme des termes ne tend vers aucune limite », *Le Robert*.

rencontre de deux personnes. Puis ces deux molécules en croisent une troisième, et ces corrélations vont continuer à se produire sans cesse, impliquant un nombre croissant de particules. Il ne faut pas oublier que dans un verre d'eau, il y a $10^{23}$ molécules, et que le temps nécessaire pour établir des corrélations d'équilibre entre elles est probablement comparable à l'âge de l'univers. Il existe donc une flèche du temps correspondant à une flèche de corrélations. Et c'est de l'ensemble de ces corrélations que naît ce « second temps », qui n'est ni un temps porté par des objets, ni le temps caractéristique d'une trajectoire ou d'une fonction d'onde (en mécanique quantique), mais un temps de relation entre les objets. Ce temps peut être utilisé pour éliminer les divergences, mais en procédant ainsi on introduit évidemment un élément temporel. Ainsi, l'intégration des systèmes non intégrables, instables, de Poincaré conduit à introduire une flèche du temps au cœur de la dynamique. Les solutions de tels systèmes dynamiques apparaissent par couples, dont l'un conduit vers l'équilibre dans le futur, l'autre dans le passé. Mais les seules solutions que nous voyons se réaliser dans la nature sont celles qui correspondent à une flèche du temps dans laquelle le système se rapproche de l'équilibre dans le futur. L'irréversibilité est un brisement de symétrie comme nous en connaissons d'autres. Ainsi, les théories physiques sont symétriques en particules et antiparticules. Pourtant, ce monde tel que nous le connaissons est essentiellement constitué de particules. Le monde est donc moins symétrique qu'on ne l'avait pensé jusqu'à maintenant. Les « systèmes dynamiques instables » conduisent à une nouvelle formulation de la dynamique ayant à sa base une « flèche du temps ». L'instabilité dynamique fait que l'on ne peut plus prédire le comportement de chaque trajectoire, mais seulement des probabilités.

L'étude de ces systèmes dynamiques instables donne à la physique tant classique que quantique un nouveau fondement incluant les notes de « probabilité » et d'« irréversibilité ». Cela permet de surmonter le paradoxe du temps. Or, ce qui paraît aussi très intéressant dans cette nouvelle conception, c'est qu'elle permet de comprendre la richesse de la nature, composée de systèmes désordonnés comme le rayonnement résiduel du corps noir, et de systèmes hors de l'équilibre comme le sont tous les systèmes biologiques. On ne peut s'empêcher de poser la question : comment se fait-il que la matière se présente avec une telle richesse de structures ? Selon l'interprétation que je viens d'évoquer, cela est dû au fait que le mouvement des particules élémentaires, des atomes, des molécules n'est pas contraint par des trajectoires régulières. Que l'univers est formé essentiellement de systèmes dynamiques instables. Cette vision d'un univers moins prévisible, plus complexe, serait-elle une défaite ou une victoire pour l'esprit humain ? Je suis persuadé que l'objet de la science est de souligner les relations entre l'homme et l'univers. Dans cette vision, le temps de l'homme devient l'expression exacerbée, peut-être l'expression suprême des lois fondamentales de la nature.

2

## Henri Atlan*, théoricien de l'auto-organisation

*L'œuvre d'Henri Atlan, qui couvre plusieurs domaines scientifiques — biologie cellulaire, biophysique et intelligence artificielle —, trouve son unité dans la quête d'une théorie de la complexité. Ses multiples travaux lui ont valu un renom international et sa théorie de « l'auto-organisation du vivant » l'a fait connaître du grand public. Son principe de hasard organisateur, vulgarisé sous le nom d'ordre par le bruit, suscite des réflexions fécondes dans plusieurs disciplines. Mais l'incontestable originalité d'Henri Atlan est le* feed-back *permanent qu'il a su instaurer entre sa recherche scientifique et son interrogation d'une tradition ancestrale. Alors que la rationalité scientifique et la sagesse spirituelle paraissent souvent antinomiques, l'intérêt d'Henri Atlan réside justement dans la cohésion du Talmud avec la cybernétique, d'un biophysicien occidental avec la Bible. Cette double expérience, obéissant à des règles du jeu opposées, lui permet donc une vive intercritique. Dans son avant-dernier livre* A tort et à raison, *il cherche à montrer avec un humour caustique, qu'il existe*

* Médecin, biologiste, professeur agrégé à la faculté des sciences de Paris et à l'université hébraïque de Jérusalem.

*plusieurs rationalités, légitimes bien que différentes, pour saisir la réalité : assigner la foudre à la colère de Jupiter n'est pas moins « rationnel » que de l'attribuer à une décharge électrique. Même si l'efficacité de chaque méthode dans la maîtrise de la nature est tout à fait autre.*

*Dans son dernier ouvrage, Atlan s'interroge sur les problèmes d'éthique et de société suscités par les technosciences sans donner les moyens de les résoudre, faisant ainsi éclater l'idéal socratique. C'est la revanche de Protagoras, de l'opinion et du poétique.*

## Bibliographie

*L'Organisation biologique et la théorie de l'information*, Hermann, Paris, 1972.

*Entre le cristal et la fumée*, Le Seuil, Paris, 1979.

*A tort et à raison*, Le Seuil, Paris, 1986.

*Tout, non, peut-être. Éducation et vérité*, Le Seuil, Paris, 1991.

*Les Théories de la complexité. Autour de l'œuvre d'Henri Atlan*, colloque de Cerisy-la-Salle (1984), sous la direction de F. FOGELMAN-SOULIÉ, Le Seuil, Paris, 1991.

# I*

*La rationalité scientifique et les traditions spirituelles sont souvent antinomiques. L'originalité de votre recherche réside précisément dans la coexistence de la cybernétique et du Talmud, dans la cohésion du biophysicien avec l'homme nourri d'une tradition ancestrale. Comment élaborez-vous une telle symbiose ?*

— Pour moi, la tradition talmudique qui fait suite à la tradition biblique et, de façon plus générale, rabinique et cabaliste est, avant tout, une tradition de recherche qui a pour but la connaissance de la structure de l'univers, des rapports de l'homme avec son environnement, et je n'aimerais pas l'assimiler aux traditions spiritualistes. On trouve ce que ces textes appellent la divinité, mais dans un rôle tout à fait précis, différent de ce que la conscience religieuse habituelle s'imagine. En tant que tradition de recherche, elle n'est pas contradictoire avec ma démarche scientifique. Elle n'est que différente.

*Pourriez-vous préciser en quoi elle diffère ?*

— La règle du jeu, la façon d'aborder les problèmes sont

* Entretien de 1981, concernant *Entre le cristal et la fumée, op. cit.*

tout à fait différentes. La méthode expérimentale scientifique définit ses objets, en délimitant tout ce qui n'est pas eux, de façon telle qu'ils puissent être l'objet d'expérimentation reproductible dans différents laboratoires du monde, quelles que soient les circonstances politiques idéologiques et sociales ; alors que dans la tradition juive, l'objet initial est le texte biblique lui-même, sur lequel des méthodes de réflexion extrêmement élaborées — dont un système de renouvellement perpétuel de ses lectures — se sont accumulées au cours des siècles et permettent de poser et reposer les problèmes de la signification de la structure de l'univers, par rapport à l'homme, à sa vie intérieure et à sa vie sociale, compte tenu des circonstances nouvelles du non-prévisible. C'est pourquoi il est très important, dans cette réflexion, de trouver le moyen de faire intervenir le non-reproductible et le subjectif.

*Dans quelle mesure cette interprétation perpétuellement renouvelée des textes talmudiques reflète-t-elle les changements des contextes sociaux ?*

— C'est tout l'objet de cette interprétation qui, dans un même temps, cherche toujours à se situer dans une certaine continuité avec l'histoire et la réalité sociale qui l'a produite.

*Votre recherche scientifique s'alimente-t-elle de votre recherche talmudique, ou* vice versa *? Ou est-ce une symbiose dont on ne peut trop délimiter les contours ?*

— Il est important d'en délimiter les contours, de ne pas mélanger les contenus. Je pense que c'est une erreur dans laquelle tombent, malheureusement, certains scientifiques, qui se veulent en même temps spiritualistes et qui mélangent des contenus de traditions, de philosophies et d'idéologies à des contenus de connaissances scientifiques. C'est une erreur de voir des allusions à la mécanique quantique dans une tradition hindoue, de même que c'est une erreur de voir des allusions aux antibiotiques dans le Talmud, ou de chercher une conscience au niveau d'une cellule vivante ; car cela implique des mélanges de genres, de niveaux, de vocabulaires.

*A ce propos, le terme « ADN » — matrice de toute vie — ressemble au vocable hébraïque de Dieu « Adonai ». Que pensez-vous de cette coïncidence ?*

— C'est un jeu de mots amusant qui ne doit pas être perçu autrement. Les scientifiques aiment aussi s'amuser avec ce type de boutades qui peuvent avoir un intérêt heuristique, mais en faisant dévier complètement la signification d'un des deux termes. En l'occurrence, s'imaginer que l'on pourrait les réunir tous les deux dans une même signification est absurde.

*Peut-on en déduire que votre double recherche scientifique et talmudique vous fournit plutôt des instruments de réflexion, des méthodes d'analyse ?*

— Certainement, il n'y a pas de doute que l'expérience de la réflexion talmudique est une expérience irremplaçable en tant que méthode critique extrêmement rigoureuse, peut-être même davantage que la recherche scientifique, parce qu'il est beaucoup plus dangereux de s'y tromper : on n'y dispose pas des expériences et de la résistance de la matière comme garde-fou.

*Précisément, dans la spéculation talmudique, comment sait-on que l'on détient la réponse juste ?*

— Et dans la spéculation mathématique, comment le sait-on, puisque là non plus il n'y a pas d'étayage fondé sur la matière, sur l'expérience ? On le sait par un certain consensus dans la communauté qui participe à cette recherche. Ce consensus lui-même est loin d'être arbitraire : il a une rationalité qui lui est propre ; l'expérience de ce genre de recherche traditionnelle éclaire les rapports que l'on peut imaginer entre le monde de l'abstrait et le concret, dans quelque mode de réflexion que ce soit, y compris dans la recherche scientifique.

*La théorie quantique, à l'instar des philosophies orientales, semble révéler une unicité fondamentale de l'univers. Cette quête d'un savoir réconcilié pourrait-elle changer notre vision du monde ?*

— La question du savoir réconcilié est en effet une quête qui vaut la peine que l'on y réfléchisse, sur le plan de l'histoire des idées, de l'histoire des sciences et de l'histoire de la connaissance dans notre société occidentale. C'est vrai que la science a évolué d'une façon telle que, petit à petit, elle s'est éloignée du vécu. Ce n'est pas étonnant puisqu'elle s'est développée sur la base d'une recherche expérimentale, dont le champ d'application se définit comme l'objectif, c'est-à-dire qu'il échappe à la subjectivité ; et, dans la mesure où notre vécu en est plein, il n'est pas surprenant que notre savoir scientifique nous apparaisse en porte à faux par rapport à notre vécu quotidien. En une certaine époque scientiste naïve on a pu penser que la subjectivité était du domaine de l'illusion, qu'il fallait la rejeter, la refouler, et que seul le savoir objectif exprimait la vérité. Aujourd'hui, on sait bien que c'est faux ; cette subjectivité n'est pas une illusion, c'est une autre partie du réel, non moins importante.

*D'autant plus que l'objectivité a perdu son auréole de détentrice de vérité, puisque l'on sait que l'observateur influe sur l'objet observé...*

— Cela est une autre question, car l'observateur physique qui influe sur son expérience n'est pas nécessairement de la subjectivité ; il existe par l'intermédiaire de son appareil de mesure et celui-ci peut être objectivisé. Autrement dit, l'observateur physique, ce n'est pas un homme réel, mais un homme idéal et collectif. Il n'en reste pas moins que le savoir scientifique qui s'appuie sur une réalité objective ne s'applique donc pas à notre vécu quotidien. C'est pourquoi on se retourne vers des philosophies plus unifiées ou vers des traditions non occidentales, dont la tradition juive, qui suggèrent une telle unité. Mais encore une fois cette unité ne peut pas être décrite par des méthodes scientifiques, ni s'appuyer sur elles. Je crois que les savants, y compris des Prix Nobel, qui ont recours à de telles analogies ont tort. Il n'y a pas de doute que cette quête de savoir unifié correspond à un désir profond : celui d'une unité fondamentale dans l'univers, dans notre connaissance, dans notre perception des choses. Tout se passe comme s'il y avait une pulsion de rationalisation du réel, qui est peut-être une des conditions de l'adaptation de l'espèce humaine au monde : notre raison est certainement un des outils les mieux adaptés pour organiser le réel autour de nous ; et cette pulsion de rationalisation est probablement le moteur fondamental de toute recherche, y compris de la recherche scientifique. Mais alors, il faut se donner un certain nombre de garde-fous.

*Et quels seraient les vôtres ?*

— L'un de ces garde-fous consiste justement à ne pas mélanger les contenus. Par exemple, si je découvre une complémentarité dans le formalisme de la mécanique quantique entre ondes et corpuscules, eh bien je vais la considérer avec toutes ses conséquences philosophiques, mais sans la sortir de son contexte. Le yin et le yang décrivent aussi une complémentarité, mais dans un tout autre formalisme, celui du tao, au nom de quoi les mélanger ? Nous pouvons effectivement y être incités — mais il faut savoir s'abstenir de tomber dans ce piège — par le fait que nous sommes le même homme, capable d'étudier le tao et la mécanique quantique, donc capable de jeter des ponts entre ces différentes recherches.

*De chercher des convergences ?...*

— Certes, des convergences peuvent se faire, mais à travers toute une série d'étapes extrêmement progressives. C'est donc une erreur de mettre ces différents domaines en rapport immédiat l'un avec l'autre. Ces deux modes de réflexion peuvent se féconder mutuellement de façon négative, en montrant les différences. En ce qui me concerne, j'ai toujours essayé de faire cela, en interfécondant la réflexion scientifique et la tradition juive. C'est par les comparaisons et les différences que le dialogue peut être intéressant, plus que par les similitudes et les analogies.

*De quelle manière s'articule la dialectique entre l'espèce — gardienne du programme génétique invariant —, l'individu — sa concrétisation singulière variable — et le milieu environnant ? Autrement dit, comment le* fatum *génétique se transforme-t-il en destin personnel ?*

— Eh bien, actuellement, la biologie est incapable de répondre de façon précise à cette interrogation, c'est-à-dire que nous ne savons pas exactement comment les gènes portés par l'ensemble des ADN déterminent l'ensemble des caractères, aussi bien de notre corps que de notre comportement. Certains caractères dépendent de l'activation de plusieurs gènes. Or, la présence d'un gène ne suffit pas pour déterminer un caractère, encore faut-il que ce gène soit « exprimé ». Le système de contrôle et de régulation de l'expression des gènes pose des problèmes parmi les plus difficiles et les plus passionnants de la biologie, car ce système de régulation ne se limite pas aux seuls gènes et implique des interactions complexes avec des composants du cytoplasme cellulaire d'origine maternelle et des stimulations spatiales et temporelles de l'environnement.

*Où situez-vous alors le « libre arbitre », puisque l'homme écrasé soit sous les déterminismes extérieurs de « l'empire du milieu », soit sous ceux, intérieurs, de la « république des gènes » semble apparaître comme une marionnette dont les ficelles sont toujours tirées d'ailleurs ?*

— Probablement dans l'interaction entre les déterminismes génétiques et le déterminisme du milieu, je veux dire que c'est par ces interactions mêmes que se constitue une individualité. La formule de Freud : « Là où était le Ça, le Je doit advenir », bien qu'exprimée avant les découvertes de la biologie moléculaire, reflète une réalité qui est tout aussi valable depuis lors. Le « libre arbitre » ne concerne pas tant les marges de manœuvre que la constitution même du sujet, le fait de se constituer en individu.

*Les « manipulations génétiques » sont proches de leurs applications médicales : le Dr Martin Cline de UCLA a réussi une première mondiale en exécutant une « greffe génétique » dans votre propre hôpital Hadassah de Jérusalem. Est-ce pour des raisons éthiques ou scientifiques que cet acte a suscité de si vives réactions ?*

— Les raisons pour lesquelles cet acte a suscité de telles réactions tiennent à sa publicité exagérée et fausse. Il ne s'agit pas du tout d'une greffe génétique, en ce sens que le patrimoine génétique des malades qui ont subi ces interventions n'est absolument pas modifié par elles. Certes, les techniques utilisées pour traiter des cellules prélevées sur ces malades sont des techniques de recombinaison génétique, mais elles ne concernent que la structure des ADN de certaines cellules et il ne s'agit donc pas d'une greffe qui va modifier le patrimoine génétique de ces individus.

*Alors que les arguments néobiologiques sont au centre de l'actualité, votre constatation que des « facteurs socio-culturels peuvent modifier le patrimoine génétique, en créant de nouveaux environnements, cause de sélections nouvelles... » ne risque-t-elle pas d'alimenter des idéologies racistes ?*

— N'importe quelle théorie scientifique peut alimenter n'importe quelle idéologie ; l'erreur consiste précisément à vouloir chercher dans des théories scientifiques une justification, un fondement à une idéologie, quelle qu'elle soit. J'ai pensé que les expériences néfastes de la génétique nazie d'une part, et de la génétique soviétique stalinienne de Lyssenko, par ailleurs, avaient été suffisantes pour éliminer définitivement ce genre d'utilisation abusive de théories scientifiques. Il se trouve que la génétique sur laquelle se sont appuyés les tenants de l'idéologie nazie est la génétique acceptée et enseignée actuellement. Néanmoins, on sait parfaitement bien que son utilisation par l'idéologie nazie est abusive, une extrapolation de concepts définis sur des systèmes en laboratoire à un domaine où ils n'ont rien à voir. La théorie à laquelle vous faites allusion n'est que formelle ; elle permet de comprendre comment, en principe, il est possible que des facteurs socio-culturels puissent modifier la distribution statistique du patrimoine génétique dans une population. Elle ne précise pas sous quelles conditions et avec quelle efficacité de telles modifications peuvent se produire. La question théorique qui reste à élucider est de savoir combien de générations sont nécessaires pour que des facteurs socio-culturels soient capables de modifier, de façon évidente, une distribution de gènes dans une population. Si l'on trouve que ce n'est possible que dans un millier de générations, cela n'a plus aucune importance pratique, sauf sur le plan de la compréhension de l'histoire de l'humanité. Par contre, si l'on trouve que de telles modifications peuvent se produire dans un nombre faible de générations, on peut alors imaginer que cela puisse expliquer des phénomènes socio-culturels historiques. Mais il faut souligner un point extrêmement important de cette théorie : il n'est pas question ici d'une programmation consciente où des planificateurs décideraient quels sont les gènes bénéfiques ou maléfiques et comment il est possible d'instituer un environnement socioculturel tel qu'il mènerait à la sélection de tel gène ou à l'élimination de tel autre.

*Vous analysez le phénomène du point de vue d'une sélection naturelle ; mais supposez qu'un régime, pour des raisons idéologiques, veuille imposer une sélection programmée afin de produire certaines caractéristiques « supérieures »...*

— Il y aurait toutes les chances que ce régime ait changé au bout d'une ou deux générations, de telle sorte que cela n'aboutirait pas. En réalité, ce genre de considérations ne peut qu'être utilisé à l'envers, c'est-à-dire pour fonder, de façon fausse d'ailleurs, une idéologie ou une autre ; si on voulait se servir de tels mécanismes pour transformer le patrimoine génétique d'une population, je pense que ce serait parfaitement utopique et irréalisable. Il s'agit là de perversion, de déviation d'un objet de connaissance scientifique dans des champs d'application qui ne sont pas les siens.

*Le peuple juif est une société éclatée, dispersée, unifiée pourtant grâce à son renouvellement spirituel, inspiré largement de sa culture biblique. Est-ce là la seule source de sa formidable résistance ou est-ce que la théorie de Sartre sur l'antisémitisme éclaire une autre face de sa pérennité ?*

— La théorie de Sartre sur l'antisémitisme a beaucoup de vrai et elle a été acceptée comme telle. Cependant, outre cet aspect externe de l'identité juive, on redécouvre actuellement d'autres facteurs constitutifs de cette identité, d'ordre proprement interne, facteurs d'auto-organisation, qui doivent aussi avoir joué un rôle déterminant dans son histoire. Un des facteurs d'organisation de cette société, superposé à sa tradition d'étude, c'est son existence dispersée, qui a des désavantages, mais aussi des avantages. Comme le dit le Talmud : « Dans la mesure où une société persécutée est dispersée, elle a moins de risques d'être exterminée, puisque lorsqu'elle est massacrée dans un endroit, elle peut survivre ailleurs. »

*Justement, à propos de la Diaspora et de ses avantages, que pensez-vous de la réflexion d'Éric Weil : « C'est l'autre tradition, celle de l'étranger, qui me tend le miroir faute duquel je ne pourrais pas connaître mon propre visage » ?*

— Le miroir est réciproque : je veux dire que la tradition endogène a sa propre dynamique, et il est vrai aussi qu'elle se développe en relation avec la tradition de l'autre. La tradition juive, tout au long de son histoire, a eu des interactions avec les philosophies et les cultures des sociétés parmi lesquelles elle a vécu : grecque, romaine et, ensuite, chrétienne et islamique. Ces interactions stimulent le développement d'une dynamique propre. Ce n'est pas tellement la culture biblique proprement dite, que la culture post-biblique, c'est-à-dire talmudique et rabbinique, qui a constitué la communauté juive en une communauté de recherche, d'école. Ce qui est frappant, c'est que l'institution sociale centrale des communautés juives depuis l'Antiquité, dès la Dispersion, c'était l'école.

*Est-ce que l'importance accordée aux études pourrait expliquer, d'une certaine manière, le pourcentage élevé de Prix Nobel juifs ?*

— Il est possible que ce soit un facteur. Une autre raison doit tenir aux circonstances même de la Dispersion. Le fait d'être une minorité implique forcément une pression accrue pour pouvoir survivre comme minorité : il faut faire davantage que la majorité. Et, dans la mesure où l'on dispose d'une tradition d'école, il est normal que l'on investisse dans tous les travaux intellectuels qui peuvent s'offrir, y compris la recherche scientifique.

*Ce perpétuel mouvement de va-et-vient de l'universel au particulier, du nationalisme à l'internationalisme, est-ce aussi un des éléments de la pérennité juive ?*

— C'est probablement un élément fortifiant, en même temps qu'une conséquence. Cette forme d'existence de communautés dispersées s'accroche à la fois, mythiquement et historiquement, à une unité qui a existé dans un passé très éloigné et qui est projetée dans un avenir messianique, intériorisé dans la vie quotidienne, tout au long de l'histoire de deux mille ans d'exil, par l'intermédiaire du rituel. C'est pourquoi, bien que messianique et mythique en même temps, il a été extrêmement quotidien et fortement vécu. Je pense que c'est ici qu'il faut trouver l'une des origines de la résurgence incroyable et inattendue de cette communauté qui, sous une forme nationale et politique, s'est incarnée dans un État, avec tous ses avantages et désavantages.

*Vous avez dit, justement, que la Torah a été donnée aux Hébreux dans le désert, entre deux pays, et que, d'une certaine façon, un État risquait de la dévier de son intégrité.*

— Certes, il y a un danger, mais l'existence des Juifs est aussi entre deux dangers : il y a le danger non seulement d'extermination physique des communautés dispersées, mais aussi d'extermination culturelle : les Juifs ont été, au fur et à mesure des générations, dépersonnalisés dans leur culture, au même titre, d'ailleurs, que tous les peuples colonisés. On assiste là à une espèce de colonisation de l'intérieur qui a été pertinemment décrite par Albert Memmi. Cette perte d'identité a été arrêtée par l'existence d'Israël, mais cette expérience nationale porte en elle d'autres dangers, qui sont ceux de la cristallisation, de la mort par rigidité.

*Alors, la renaissance de la judéité française, se manifestant par une effervescence de jeunes écrivains, serait-elle une « réaction à retardement » face à l'existence de l'État hébreu ?*

— Certes, de façon dialectique, si vous voulez, il est sûr que l'existence de l'État d'Israël a créé une prise de conscience beaucoup plus forte dans les communautés juives. Mais cette prise de conscience se fait évidemment sur le mode de l'expérience des Juifs dans chaque communauté. Dès lors, son contenu est forcément différent de celui de la vie nationale en Israël. Il est d'ailleurs passionnant de voir comment le contenu de ces expériences est reçu par les Israéliens qui en sont souvent déconcertés : ils y voient leur propre reflet dans un miroir autre, qui n'est pas, cette fois-ci, le miroir que leur renvoie le regard de l'autre non juif mais le regard de l'autre juif diasporique.

*Pour conclure, si le futur est inclus et déterminé par le passé (comme disait l'Ecclésiaste, « il n'y a rien de nouveau sous le soleil »), endosseriez-vous le précepte d'Abraham Moles : « Je pense le présent à partir du futur » ?*

— Cela dépend du point de vue duquel on se place. S'appuyant sur la perception déterministe, les processus de volonté consciente excluent toute adaptation à une vraie nouveauté. Du fait qu'ils reposent sur une connaissance causale, ils sont adaptés à des situations où l'action requise peut être déduite de ce qui s'est passé antérieurement. C'est-à-dire, le futur est, d'une certaine manière, inclus dans le passé et ne saurait être totalement nouveau ou imprévisible. Par contre, les propriétés des systèmes auto-organisateurs fondés sur le processus d'utilisation du désordre et de l'aléatoire sont parfaitement adaptées à la vraie nouveauté, puisque l'aléatoire est par définition la nouveauté même. L'« auto-organisation » est donc un processus de création et de stabilisation de cette nouveauté et ne peut pas être totalement objet de prédiction ni résulter de la conscience. Les commentaires post-bibliques corrigent l'Ecclésiaste en ajoutant que s'« il n'y a rien de nouveau sous le soleil, il y a du nouveau au-dessus du soleil ». Il s'agit là d'une invitation à une perception du réel où l'on peut aussi imaginer une place possible pour un futur porteur de nouveau, où la découverte de déterminismes ne nous force pas à nier la réalité de notre expérience du futur, de l'inconnu et de la nouveauté.

# II*

*Pourquoi ce cercle vicieux : la société réclamant à la science des normes éthiques, alors que celle-ci s'est fondée justement sur l'exclusion du vécu ?*

— En effet, la recherche de l'objectivité scientifique implique nécessairement un certain désintéressement perçu comme une qualité : le fait que le chercheur n'ait pas d'intérêt — *a priori* — dans ce qu'il va découvrir. Mais cela implique aussi l'envers de la médaille : une certaine indifférence. Ce que le chercheur découvre, et cela est d'autant plus vrai pour les sciences dures, a finalement peu d'importance immédiate sur la vie de tout un chacun. Cela aura certainement, plus tard, des répercussions extrêmement importantes, grâce aux applications technologiques, politiques ou sociales de telle ou telle découverte ; mais dans l'immédiat le scientifique peut se permettre le luxe d'être désintéressé quant aux résultats de sa recherche. Il faudrait qu'il se débrouille pour élaborer quelque chose de « reproductible », de « mesurable », d'« objectivisable », excluant ainsi du champ de sa recherche tout le monde du « subjectif », qui fonde justement une bonne partie du vécu. Cela

* Entretien de 1986, concernant *A tort et à raison, op. cit.*

dit, pourquoi la société réclame-t-elle à la science une éthique ? Parce que, parallèlement au développement des sciences exactes, les normes éthiques traditionnelles ont perdu leur crédibilité : elles sont encore trop souvent confondues soit avec des philosophies, soit avec des religions, que la science a précisément démystifiées.

*S'adresse-t-on à la science à cause de l'aura des Prix Nobel, ces démiurges contemporains ?*

— D'une certaine façon. Je raconte justement dans mon livre comment des auditeurs d'une radio culturelle nous disaient explicitement : « Nous ne pouvons plus croire aux religions, ni aux philosophies, seulement à la science, parce que visiblement elle réussit ; il est donc du devoir des scientifiques de nous indiquer comment vivre. » Or, toute ma tentative consiste à expliquer en quoi cette exigence n'est pas fondée.

*Si votre « jeu des jeux » est l'humour sceptique et la « relativité de la connaissance », en quoi différez-vous alors de Paul Feyerabend et de sa célèbre devise : « Tout est bon » ?*

— Par certains aspects, je pourrais en effet la reprendre à mon compte, à ceci près que dans quelques expressions il y a des nuances qui peuvent avoir leur importance quant aux conséquences qu'on peut en tirer. Le plus simple serait de laisser aux lecteurs le soin de découvrir ces différences.

*Ne seriez-vous donc pas un anarchiste de la connaissance ?*

— Au contraire, j'essaie d'expliquer qu'il faut toujours bien respecter les règles du jeu...

*Qu'entendez-vous par la « relativité de la connaissance » ?*

Le fait de prendre en considération les différents facteurs qui jouent un rôle dans sa construction. Or, dans la mesure où ceux-ci sont parfois contingents, on aboutit forcément à ce que le savoir soit précisément le contraire d'un absolu, possédant ainsi une certaine relativité.

*Est-ce pour cela que vous prônez l'humour ?*

— J'essaie simplement de dire que, dans certains cas, le meilleur remède contre les « cercles vicieux » peut être trouvé grâce à l'humour.

*Croyez-vous échapper au « mythe rationnel de l'Occident » en prouvant la coexistence d'une multiplicité de « rationalités », alors que celles-ci ne sont dues qu'au consensus social d'ici et maintenant ?*

— Qu'elles soient dues à ce consensus n'est pas, pour moi, un défaut. C'en est un pour qui croit en l'absolu d'une théorie qui lui semble de ce fait être la vérité vraie. Mais pour celui qui n'y croit pas, le fait même d'arriver à construire une « rationalité » sur la base d'un consensus est déjà une performance tout à fait extraordinaire. Or, pour revenir à votre question, échappe-t-on au « mythe rationnel » en observant qu'il existe plusieurs rationalités, qui non seulement se succèdent mais coexistent ? Probablement, car en ayant la possibilité d'avoir un pied dans différentes démarches de recherche qui obéissent chacune à leurs propres règles, traditions ou intérêts, on échappe justement à l'attitude qui consisterait à critiquer une démarche en se plaçant à un niveau englobant qui échapperait lui-même à sa propre critique.

*Alors, si nous ne saisissons la réalité qu'à travers nos grilles d'interprétation, au nom de quelle vérité les jugera-t-on rationnelles ou irrationnelles, qu'elles émanent de la connaissance scientifique ou de la sagesse traditionnelle ?*

— Je ne crois pas que ce jugement dépende de quelque vérité que ce soit. Il s'agit plutôt d'un critère de distinction qui nous permet de reconnaître dans quelle mesure un discours est ou n'est pas rationnel. Pour moi, ce critère est extrêmement simple : il porte sur le respect des « principes d'identité » et de « non-contradiction ». (A est A et ne peut être à la fois A et non-A sous le même rapport.) Ce sont ces principes logiques qui nous font juger du caractère rationnel ou non d'un langage. Mais, encore une fois, cela n'est absolument pas une garantie de vérité.

*Mais ces critères logiques relèvent de la tradition occidentale, et ne sont peut-être pas universels...*

— La rationalité dont je parle réunit un consensus assez large pour pouvoir déborder les frontières occidentales. La preuve en est que, lorsque des dialogues s'établissent entre représentants de différentes traditions, y compris orientales, leurs discours tentent de ne pas être contradictoires. Et, quand ils le sont, c'est voulu : les Koans bouddhistes manient sciemment le paradoxe pour faire éclater, précisément, les limitations de la raison elle-même.

*Einstein n'avait-il pas déjà averti : « La recherche scientifique, postulant* a priori *l'intelligibilité de l'univers, est de l'ordre de la croyance religieuse » ?*

— Il faut manier cette citation avec précaution. Je ne crois pas qu'Einstein veuille dire que l'intelligibilité de l'univers, telle qu'elle apparaît dans le discours scientifique, est de l'ordre d'une croyance religieuse. Mais, par contre, ce qui pourrait ressembler à une telle croyance, c'est en effet la confiance, *a priori*, en ce que notre raison va réussir à rendre compte de la réalité expérimentale.

*La recherche einsteinienne d'une loi fondamentale de l'univers est presque une quête monothéiste...*

— Tout dépend de ce que l'on entend par « Dieu » : il y a autant de monothéismes que de dieux... D'ailleurs, les polythéismes sont parfois aussi efficaces que les monothéismes dans la recherche d'une unité... ou aussi peu...

*Pourquoi cherche-t-on à spiritualiser la recherche scientifique ou à scientifiser la tradition mystique alors qu'elles se sont souvent définies par leur opposition ?*

— Il est vrai qu'aujourd'hui la connaissance scientifique s'est développée en opposition avec les traditions religieuses, et essentiellement avec la religion chrétienne. Alors, pourquoi cherche-t-on maintenant à les amalgamer ? Cela provient d'un besoin d'unité que les gens éprouvent pour fonder scientifiquement une éthique. J'essaie justement de montrer en quoi ce besoin doit être combattu, tout en comprenant son origine.

*Si saisir la « réalité ultime » en la rattachant soit à la matière (démarche scientifique), soit à la conscience (démarche spirituelle) implique, d'office, deux « pièges monothéistes », que préconisez-vous ?*

— De ne point croire en l'existence de cette prétendue « réalité ultime ». Se rendre compte que celle-ci, aussi bien chez les physiciens que chez les mystiques (quand ils l'évoquent comme l'objet d'illumination mystique), n'est jamais qu'un système interprétatif qui obéit à des règles différentes chez les uns et chez les autres, et dont les domaines d'application se distinguent.

*Pourtant, toute la recherche scientifique vise à saisir la réalité ; que celle-ci se dérobe, comme le prouve la mécanique quantique, c'est une autre question...*

— Tout dépend de ce qu'on appelle saisir. Si l'on croit que lorsqu'on a élaboré une théorie qui « marche », on atteint la réalité, on baigne dans l'illusion.

*Alors une théorie comme celle du Big Bang, qui « marche », ne saisirait pas pour autant la réalité ?*

— Vous m'offrez l'exemple parfait d'une théorie qui est encore plus problématique que d'autres, puisqu'il s'agit d'une théorie cosmogonique, qu'il est exclu de reproduire en laboratoire. En fait, c'est une description, et à la limite une légende. Constater que cette théorie « marche » signifie seulement qu'elle est cohérente avec d'autres théories physiques qui sont acceptées actuellement. Mais on ne peut pas dire pour autant qu'il s'agit de la « saisie » de la « réalité ultime ».

*De même, Niels Bohr disait : « Nous ne saisissons qu'une interaction appareil-phénomène [...], tout jugement d'existence est abusif », alors que pour Einstein la réalité existe en soi.*

— Il y a une grande différence entre affirmer qu'il existe une réalité et prétendre la connaître. Dans la célèbre discussion dont vous parlez, Einstein, tout comme Bohr, avait des positions beaucoup plus nuancées que celles qu'on lui a attribuées. Je ne nie pas qu'il existe une réalité ; je nie simplement le fait qu'une théorie ou tradition permettant une conception exclusive de la réalité affuble celle-ci du qualificatif d'« ultime », comme si l'on ne pouvait aller plus loin. Or, selon moi, on peut toujours approfondir, et de ce fait il n'y a pas de « réalité ultime ». La réalité est donnée à interpréter, elle est faite de ce que j'appelle des « interprétandes ».

*Si d'éminents physiciens soutiennent que l'« action à distance » s'explique par la mécanique quantique et que la relativité permettrait de remonter le temps, pourquoi les traite-t-on de spiritualistes ?*

— Cela n'est pas forcément une injure : il y a des spiritualistes de très grande valeur. Or il se trouve que certains physiciens déclarent trouver leurs intuitions grâce aux traditions mystiques, qui, elles, se présentent comme spiritualistes. Ma critique ne porte pas sur l'origine des intuitions, qui n'a pas à être discutée, et où « tout est bon », mais sur la confusion des genres au niveau de la théorie explicative qui se prétend vraie ou au moins vraisemblable ; ces assimilations qui consistent à trouver dans la mécanique quantique la source de la télépathie ou de la psychokynésie.

*Est-ce que la « non-séparabilité de la matière » expliquerait certaines expériences parascientifiques ?*

— En aucune manière, parce qu'il s'agit de phénomènes qui se situent à des niveaux d'observation tout à fait différents.

*On fait pourtant des expériences sur des particules séparées, et lorsqu'on touche à l'une d'elles, l'autre réagit... Pourquoi n'y aurait-il pas là quelque chose qui expliquerait la télépathie ?*

— Parce que le niveau auquel on se place dans ces expériences quantiques est subatomique, et n'a rien à voir avec celui de la matière macroscopique de transmissions d'information à distance décrites par les tenants de la parapsychologie ; il n'est pas licite de faire de tels sauts car les mêmes mots n'ont pas la même signification suivant qu'ils décrivent un contexte d'observation situé à un niveau ou à un autre.

*Le macroscopique est pourtant composé du microscopique...*

— Mais il ne lui est pas identique ; ni dans ses structures, ni dans les phénomènes qu'on y observe.

*Alors que vous reconnaissez l'« irrépressible besoin de synthèse entre science et religion », pourquoi critiquez-vous le colloque de Cordoue[1] ?*

— Précisément parce que, tout en reconnaissant l'existence de ce besoin, j'essaie d'analyser son origine, pour critiquer le fait d'y céder.

*Y aurait-il des passerelles entre science et religion ?*

— Non, mais il y a des possibilités de dialogue et d'observation des différences. Il n'y a pas de discours unificateur qui permettrait d'englober l'une et l'autre.

*Pourtant, Niels Bohr lui-même admettait que le yin et le yang l'avaient inspiré dans sa théorie de la complémentarité entre corpuscules et ondes...*

— On peut parfaitement trouver ses sources d'inspiration en dehors de l'expérience scientifique : même dans des rêves, ou des poèmes. Mais c'est une autre affaire de leur donner ensuite une cohérence et une forme qui puisse être intégrée dans le discours scientifique.

*Serait-ce par pure provocation que vous affirmez : « L'homme crée Dieu à son image... sans que cette création soit moins "rationnelle" que celle de théorisations scientifiques » ?*

— Si je tiens ce propos, c'est parce qu'on peut aussi trouver « rationnelles » des descriptions traditionnelles de ce qui est traduit approximativement par « Dieu », et je ne parle pas ici de théologie.

*Aussi « rationnelles » que des conceptions scientifiques ?*

— Pourquoi pas ? Il s'agit de toute façon de descrip-

1. En 1979, se tint à Cordoue (Espagne) un colloque intitulé « Sciences et conscience » rassemblant scientifiques et religieux dans un même esprit de « spiritualisme cosmique ».

tions, d'expériences qui ont leur origine dans des représentations que les hommes ont produites eux-mêmes.

*La science exacte est reproductible... Serait-ce aussi le cas de Dieu ?*

— Tout dépend de ce qu'on met derrière ce vocable. Certaines traditions rangent derrière leurs dieux des expériences relativement reproductibles : la foudre, le feu, l'océan, l'écriture, le sexe...

*Ces phénomènes ne se reproduisent cependant pas sur commande, tandis qu'une expérience scientifique se fait à sept heures, comme prévu.*

— Bien sûr, mais ces traditions trouvent dans leurs systèmes interprétatifs de quoi rendre compte de façon logique des régularités qu'on y observe. Elles fabriquent ainsi une « représentation rationnelle » de la réalité, qui permet aussi de rendre compte de la foudre, car attribuer celle-ci à la colère de Jupiter n'est pas moins « rationnel » que de l'attribuer à une décharge d'électricité. Par contre, l'efficacité de ces deux représentations dans une éventuelle maîtrise de la nature est tout à fait différente. La première peut être plus efficace du point de vue d'une organisation sociale et éthique qui veut se fonder sur la relation homme-nature et nature humanisée, qui est justement l'objet du mythe.

*Peut-on croire aux deux à la fois ?*

— Il ne s'agit pas de cela, mais d'intégrer ces représentations dans leurs propres contextes afin de voir leur intérêt opératoire.

*Quel dialogue peut-il s'instaurer entre le biophysicien et le talmudiste, autrement dit entre votre expérience objective de la science et celle, subjective, d'une tradition ancestrale ?*

— L'expérience de cette tradition n'est pas que subjective. Et il existe aussi une expérience subjective de la recherche scientifique. Cela dit, une fois reconnu que les contenus de connaissance sont très différents, incommensurables, un dialogue peut s'établir, que j'appelle « intercritique », où les analogies sont beaucoup moins importantes que les différences parce que celles-ci permettent précisément de se critiquer réciproquement. Que ces deux démarches se trouvent réunies en une même personne n'est qu'un facteur d'intérêt supplémentaire.

*En vous lisant, on décèle d'ailleurs la démarche raisonneuse du talmudiste ; en êtes-vous conscient ?*

— Il y a beaucoup d'images stéréotypées à ce sujet. Soyons donc précis : les « raisonnements » qu'on trouve dans le Talmud font appel à différentes catégories de la raison, et je suis persuadé qu'on les trouve chez beaucoup de philosophes qui n'ont jamais eu la moindre connaissance du Talmud.

*Comment votre démarche scientifique s'enrichit-elle par votre démarche talmudiste ?*

— De façon négative : en créant une distanciation qui permet de se rendre compte qu'une théorie n'est pas quelque chose en quoi il faut « croire ». Car elle est en marche et il s'agit donc de la critiquer, éventuellement de la réfuter ou de la modifier. Sur ce plan-là, ma double expérience, obéissant à des règles du jeu différentes, permet une intercritique permanente et féconde.

*Votre « relativisme » proviendrait-il alors de l'argumentation talmudiste ?*

— Je ne dirais pas cela, parce qu'il y a des gens qui considèrent le Talmud non comme un chemin de connaissance, mais comme une croyance absolue. On pourrait tout aussi bien attribuer mon attitude relativiste à mon expérience scientifique...

*Et votre humour, d'où vient-il ?*

— Il faudrait le demander à mon psychanalyste, si j'en avais un !

## III*

*En Occident, le culte de la raison serait-il une forme laïque de religion ?*

— Oui. Cela a d'ailleurs déjà été énoncé plusieurs fois, notamment dans le beau livre de Manuel de Dieguez, *Le Mythe rationnel de l'Occident*, qui montre comment une certaine forme de relation à la raison est en fait religieuse. C'est même une évidence puisque, comme vous le savez, lors de la Révolution française, on a essayé d'instituer un véritable culte de la déesse Raison. Cela ne veut pas dire, bien sûr, qu'il faut déprécier la raison, même s'il y a en effet un usage de la raison qui est religieux, car nous connaissons aussi d'autres usages qui se sont développés par la philosophie critique. C'est d'ailleurs l'originalité de la philosophie occidentale — issue des Lumières — que d'être capable de se critiquer elle-même. C'est en cela que, malgré les dangers de dérives implicites dans tous ces mauvais usages de la raison, on trouve néanmoins dans la philosophie critique une supériorité sur toutes les autres, qui consiste précisément dans cette faculté d'auto-analyse.

---

* Entretien de 1991, concernant *Tout, non, peut-être, op. cit.*

*Mais comment peut-on mener une réflexion rationnelle sur les limites du rationalisme ?*

— C'est l'objet même de la méthode critique, dont Kant est certainement l'un des plus beaux fleurons, que d'établir des limites dans l'utilisation de la raison, en analysant les conditions de légitimité du point de vue des présupposés de cette raison.

*N'est-il pas paradoxal que le biologiste que vous êtes cherche à légitimer l'expérience subjective face à l'impérialisme de la raison qui est pourtant le fondement de l'objectivité scientifique ?*

— Le fondement de l'objectivité scientifique est plutôt la soumission à des protocoles qui sont à la fois expérimentaux et théoriques. C'est-à-dire qu'on obéit à des règles dans la façon de faire des expériences, aussi bien que dans la façon de raisonner. Cela dit, il ne s'agit pas d'opposer l'expérience subjective à l'objectivité scientifique, mais de préciser les limites des domaines de légitimité de l'une et de l'autre, en prenant de la distance chaque fois que l'on risque de tomber dans le piège du dogmatisme, piège dans lequel on risque de tomber aussi bien en extrapolant à l'infini le subjectivisme que l'objectivité scientifique. Or, le fait de les poser l'un à côté de l'autre permet d'acquérir une certaine distance, d'effectuer ce que j'ai appelé une intercritique[2] : on peut toujours critiquer la méthode critique, du lieu où l'on se place, mais il est très facile de constater qu'il est impossible de se placer d'un point de vue absolu. C'est-à-dire qu'il ne peut pas y avoir un point de vue qui, lui, échapperait à la méthode critique. Et la façon la plus efficace d'en tenir compte consiste justement à critiquer les prétentions à l'unicité absolue d'une méthode en se plaçant du point de vue d'une autre méthode. L'expérience subjective doit donc savoir, à un certain moment, renoncer à être scientifisée. Comme le disait Jankélévitch, l'expérience musicale ignore le « principe de non-contradiction », alors qu'on peut difficilement imaginer un travail scientifique qui n'en tiendrait pas compte. Et

2. Henri Atlan, *A Tort ou à raison. Intercritique de la science et du mythe, op. cit.*

l'objectivité scientifique ne réussit qu'en se limitant aux phénomènes objectifs, « en excluant le singulier », le « non-reproductible », et ce domaine de la vie intérieure qui ne peut pas se dire, seulement être suggéré, tout en restant « voilé ». La plus grande difficulté de cette intercritique se rencontre lorsqu'on doit faire face à des problèmes d'éthique car, alors, on ne peut pas éviter la prise en compte simultanée de ces deux domaines.

*Comment éviter ce cercle vicieux : la société réclame des normes éthiques à la science, alors que celle-ci s'est constituée précisément en excluant le vécu ?*

— Il s'agit d'une contradiction qui est difficile à assumer mais qu'il faut pourtant reconnaître comme telle. Je ne crois pas énoncer quelque chose de nouveau en disant que la science s'occupe des faits, tandis que l'éthique s'occupe des valeurs. Nous sortons à peine d'un siècle marqué par des idéologies totalitaires, et malgré les dénonciations répétées de cette confusion entre science objective et recherche de valeurs éthiques, il semble que cette tentation ne cesse de revenir. Elle correspond au besoin d'une éthique vraie et, étant entendu que la seule source de « vérité » acceptable est la vérité scientifique, on a du mal à accepter que la source des « valeurs » soit différente de ce qui nous apparaît comme la seule source de « vérité ». Autrement dit, tout se passe comme s'il y avait un besoin de fusion entre ce que l'on pourrait appeler le « souverain bien » d'un côté et le « vrai » de l'autre, ce besoin tout à fait socratique d'une unité harmonieuse entre la vérité, la beauté et le bien.

*Les Nobel seraient-ils alors les sages de l'Antiquité ?*

— Oui, mais à tort, bien entendu ; le prix Nobel est attribué en fonction de l'importance de découvertes scientifiques dans différents domaines ; or cela ne préjuge en rien une sagesse particulière concernant les problèmes de la société ou le salut des individus.

*N'est-ce pas le comble qu'après avoir condamné la philosophie comme inopérante, voici qu'on fait appel à sa rai-*

*son critique pour capter ce qui, par définition, échappe à la science ?*

— Au contraire, il est tout à fait normal de faire appel à sa faculté de se critiquer elle-même, qui est extrêmement précieuse, et encore plus maintenant que la déception devant les échecs de la science à fonder une morale, une politique conduit malheureusement trop souvent à une régression, à un retour à l'obscurantisme et au fanatisme religieux, même si ceux-ci sont capables de revêtir un jargon scientifico-technique. C'est pourquoi la raison critique, informée par des savoirs scientifiques locaux, opérationnels, et non par ces savoirs extrapolés dans des visions scientifico-mystiques, est seule capable de dépasser la crise des Lumières en allant toujours plus avant, sans retomber ni dans les obscurantismes religieux ni dans les pièges de l'idéologie.

*Pourtant, pour Heidegger, « la science ne pense pas »...*

— Ce slogan est aussi pernicieux que les idéologies scientistes qui ont pu faire croire que seule la science pense vrai. Il faut trouver un juste milieu, difficile mais indispensable, entre ces deux « certitudes ».

*Si nous ne saisissons la réalité qu'à travers nos propres projections, selon quels critères les jugera-t-on rationnelles ou irrationnelles, qu'elles émanent des connaissances scientifiques ou d'autres traditions ?*

— La question du critère de rationalité ou d'irrationalité n'est pas très difficile dès lors qu'on prend conscience du fait que la raison n'est qu'un outil, utilisé selon des règles du jeu différentes instituées par les sciences de la nature, les sciences humaines, la philosophie, ou des traditions anciennes mythiques et même mystiques qui se veulent rationnelles. La vraie difficulté surgit quand nous nous posons des questions d'ordre normatif concernant nos comportements individuels et sociaux, c'est-à-dire des questions d'ordre moral ou juridique sur le bien et le mal. En fait nous retrouvons ici un vieux débat, auquel Platon nous fait assister dans son dialogue entre Socrate et Protagoras, sur l'identité entre le vrai et le bien. La question est apparemment très simple : la vertu peut-elle s'enseigner ?

Socrate répond non, parce que l'enseignement de la vertu n'a rien de spécifique par rapport à celui de la vérité, qui est le même que celui des sciences, en sorte que la vertu suit automatiquement l'acquisition du savoir scientifique. A l'inverse, la thèse de Protagoras consiste à dire que l'enseignement de la vertu est spécifique et n'obéit pas aux mêmes règles que celui de la vérité. Pendant deux mille ans on a pris l'habitude de ridiculiser cette thèse sophiste en demandant à Protagoras, comme le fait Socrate : « Mais si ce n'est pas à l'aide de l'enseignement de la vérité scientifique qu'on va enseigner la vertu, alors comment ? » Et tout le monde s'esclaffe quand Protagoras répond que c'est à l'aide de la poésie, de la rhétorique, de toutes ces techniques qui permettent de convaincre les hommes, indépendamment même de la vérité. On y reconnaît évidemment l'attitude condamnée comme sophiste. Eh bien, aujourd'hui, parce qu'on découvre que la vérité scientifique toute seule est insuffisante pour résoudre nos problèmes de vie, et que les sciences et les techniques posent de plus en plus de problèmes d'éthique et de société sans donner les moyens de les résoudre, on est alors conduit à une revalorisation de la thèse de Protagoras. En effet, la vertu peut s'enseigner comme une pédagogie spécifique qui ne « colle » pas nécessairement avec l'enseignement de la vérité scientifique. Cela ne veut pas dire qu'il n'y a aucune relation entre l'enseignement de la vertu et celui des sciences, mais ce sont des relations d'intercritique et non de déduction.

*Pour revenir au pouvoir scientifique, à quoi correspond cette recherche de grandes synthèses unificatrices : l'évolution des espèces et le sens de l'univers, la conscience et le Big Bang ?*

— A cette même exigence d'une éthique vraie et à ce besoin encore plus fort d'une politique vraie qui serait déduite en quelque sorte d'une vérité scientifique unique. Il faut d'ailleurs remarquer que ce besoin est d'autant plus fort aujourd'hui que les positions dualistes du corps et de l'esprit ne sont plus tenables, qui réserveraient le domaine de la vérité scientifique à la « matière » et celui de la vérité éthique ou politique à ce que l'on pourrait appeler la « philosophie de l'esprit». Ce dualisme-là n'est plus acceptable aujourd'hui, tout particulièrement à cause de la déroute des théories vitalistes en biologie. Tant que ces théories étaient encore vraisemblables, il était facile de distinguer, d'un côté, entre un mécanisme physico-chimique purement déterministe (sans aucune place pour l'intention ou le projet) et, de l'autre, des processus vitaux qui laissaient la place à la liberté ou à la théologie morale d'un Kant par exemple. Or, actuellement, tout cela n'est plus possible et, contrairement à ce que l'on a cru pendant longtemps, c'est finalement Spinoza qui triomphe, non seulement des théologiens, non seulement de Descartes, mais aussi de Kant. Il se trouve que Spinoza indique un chemin qui est probablement le seul praticable, même si sa compréhension doit être renouvelée aujourd'hui. Sa philosophie d'un déterminisme absolu, son idéal de l'Homme sous la conduite de la Raison forment un programme dont on ne savait pas qu'il pouvait lui aussi être perverti. Aujourd'hui, nous pouvons faire un bilan, provisoire, des applications partielles de ce programme, et l'on n'y trouve pas que du positif. Il n'en reste pas moins que la tentative spinoziste de fonder une éthique de la liberté sur une ontologie du déterminisme absolu est la seule philosophie compatible avec la prise au sérieux des savoirs scientifiques dont l'ontologie ne peut être que celle d'un déterminisme absolu.

*Alors, pour esquiver les perversions, comment éviter cette double méprise en science : le matérialisme réduisant le cognitif au biologique, alors que le néo-vitalisme professe le contraire ?*

— Je crois qu'il faut échapper au piège d'une ontologie qui serait soit matérialiste, soit spiritualiste. En ce qui concerne la pratique scientifique, cela veut dire : reconnaître chaque fois le caractère non ontologique, local, pragmatique et opérationnel des théories scientifiques.

*Le cerveau serait-il cognitif ou biologique ?*

— Les deux, bien évidemment. Mais pas de façon unifiée dans une métathéorie qui ne serait, elle, que biologique ou cognitive.

*Quelle serait alors la représentation de la vie humaine dans la vision physico-chimique de la biologie ?*

— Il faut bien comprendre qu'il n'y a pas aujourd'hui d'autre vision de la biologie que physico-chimique, et le « cognitif » peut parfaitement bien être conçu comme un ensemble de propriétés émergentes à un niveau de complexité de la matière qui est celui du cerveau, donc aussi du biologique. Les récentes théories de l'auto-organisation et des sciences cognitives (qui font un large usage de réseaux d'automates) fournissent des modèles communs aux différents domaines : depuis les molécules jusqu'aux idées, en passant par les organismes vivants. Tout cela renforce apparemment cette tendance à l'unification, en apportant de l'eau au moulin d'une grande synthèse renouvelée, qui se répand dans la littérature sous le nom d'épistémologie évolutionnaire.

*De quoi s'agit-il ?*

— Du néo-darwinisme, comme paradigme unique expliquant aussi bien la complexification de la matière (depuis le Big Bang), l'évolution des espèces (et l'apparition de l'homme), que l'émergence de la pensée, de la conscience, en aboutissant à la connaissance scientifique elle-même, y compris à la théorie de l'évolution. Tout cela apparaît comme un seul et unique processus auto-organisateur, comme une espèce de *boot-strap* qui serait conscient de soi. Mais il s'agit là d'un nouveau piège du besoin unificateur — à tout prix — de notre raison, piège qui ignore allégrement les spécificités irréductibles entre différents niveaux d'organisation et qui confond l'identité de modèles formels avec celle de processus qui obéissent à des contraintes différentes suivant les substrats concrets où ils se déroulent. Il est remarquable de constater, quand on tombe dans ce piège, que l'on retrouve les illusions de ce que j'avais appelé un « réductionnisme fort » pouvant prendre deux formes symétriques tout aussi fallacieuses l'une que l'autre : le réductionnisme du psychique au physique (déjà énoncé de nombreuses fois), mais aussi à l'inverse : du biologique au psychique par le biais du cognitif, puisque ce processus auto-organisateur de la matière serait en quelque sorte un processus cognitif. Il est évident que cette espèce de réductionnisme inverse, malgré ses apparences et son jargon faisant appel à Darwin, à Lorenz, n'est pas autre chose qu'un néo-vitalisme.

*Mais ce besoin de cohésion, de grandes synthèses unificatrices, ne reflète-t-il pas une quête monothéiste ?*

— Peut-être, mais on sait bien que cette quête monothéiste devrait avoir très peu d'importance dans la pratique de la recherche scientifique. Elle pourrait éventuellement avoir une place dans les motivations de la recherche car, à ce stade, le besoin d'explications globables joue un rôle fondamental. Mais il faut savoir, précisément, que cette explication doit se situer à l'intérieur du jeu scientifique. D'ailleurs, plus les sciences réussissent, et plus l'on s'aperçoit que ce n'est qu'au prix d'une réduction de ce domaine d'explication du global au local.

*A propos des règles du jeu : pourquoi nos sociétés démocratiques n'ont-elles pas encore légiféré sur les manipulations génétiques, capables pourtant de modifier l'espèce ?*

— Là, vous posez une question qui se situe précisément au carrefour des rapports indispensables entre la pratique scientifique, la recherche de la vérité objective d'un côté, et l'institution de règles morales et juridiques, tant individuelles que collectives, de l'autre. A ce propos, il existe un grand débat, qui se situe en dehors de la pratique scientifique puisqu'il pose la question du caractère légitime ou non de légiférer sur la pratique scientifique elle-même.

*Ce flou artistique arrangerait-il beaucoup de gens ?*

— Sans aller jusque-là, on peut considérer que la recherche scientifique doit être entièrement libre. On ne doit opposer aucune barrière au désir de connaissance. Mais, ici, il s'agit plutôt de l'application à l'espèce humaine de techniques génétiques mises au point sur des animaux. Cette question d'éthique de la biologie et de la médecine provoque des débats dans le monde entier. Or, jusqu'à présent, la totalité des comités d'éthique a interdit sans la moindre ambiguïté l'application de techniques qui aboutiraient à une modification du génome humain, transmissible d'une génération à l'autre. Il existe donc un consensus quasi général, ce qui ne veut pas dire qu'il ne serait pas légitime d'appliquer des techniques d'ingénierie génétique à des cellules humaines, quelles qu'elles soient, dans un but thérapeutique, ou de recherche. La restriction concerne l'application de ces techniques à la transformation du génome d'un être qui n'existe pas encore et sera appelé à le transmettre à sa descendance. Il existe un domaine intermédiaire qui pose des questions extrêmement difficiles, c'est celui de la thérapie génique, lorsque la modification du génome concernerait l'éradication éventuelle d'une maladie génique. Avant de pouvoir se prononcer de façon définitive, il serait sage d'attendre l'évolution des techniques, de sorte que ces questions puissent être posées au coup par coup et non de façon générale, en sachant ce qu'impliquerait l'application de ces techniques à telle ou telle maladie.

*Serait-ce pour cela que les technosciences peuvent être considérées à la fois comme libératrices et aliénantes ?*

— En effet, les sciences, dans un domaine cognitif, intellectuel, et les techniques, dans la vie quotidienne, instituent un ordre, et c'est dans ce sens-là qu'elles sont à la fois libératrices et aliénantes. Cet « ordre » est libérateur car nous reconnaissons dans l'environnement — créé par ces technosciences — les auteurs de ce nouveau « milieu » : nous-mêmes. Ainsi nous sommes protégés des aléas de la nature, de l'esclavage que nous imposait un environnement naturel dans lequel notre pensée n'aurait pas pu s'exercer. Nous nous libérons de l'incertitude, de l'imprédictible, en organisant autour de nous un environnement dans lequel nous nous reconnaissons. Mais cet ordre institué par les technosciences a aussi des effets pervers, car l'absence d'incertitude, d'imprédictibilité implique aussi la suppression de la nouveauté et de la créativité. Nous risquons alors d'être étouffés par cet ordre que nous instituons, alors qu'au départ il nous libère des aléas de la nature.

*Le triomphalisme du pouvoir scientifique ne suscite-t-il pas, paradoxalement, le besoin simultané, soit de le « diviniser », soit de le « diaboliser » ?*

— Absolument, et c'est la raison pour laquelle il faut

échapper à ce besoin en le considérant comme un « pouvoir » parmi les autres, qu'il faut relativiser, juger indispensable, tant sur le plan de la connaissance que sur celui des techniques, mais sans pour autant le divisiner. Il est important de ménager un espace qui échappe à la toute-puissance de la technoscience, qu'il s'agisse de la vie intérieure ou de l'esthétique, afin d'aborder les problèmes éthiques ou politiques sans rejeter cependant les apports de la science à la pensée, ou de la technique à l'organisation de notre vie quotidienne. Autrement dit, pour ne pas nous laisser étouffer par l'ordre et la technoscience, il n'est pas question que nous retournions au lavoir, à la bougie et aux sorciers guérisseurs. Je n'ai d'ailleurs rien contre ces derniers, malgré mon domaine professionnel d'une médecine hypertechnicienne : les lavoirs lavent, les bougies éclairent, et les guérisseurs guérissent probablement dans la même proportion, par rapport à la médecine moderne, que les lavoirs par rapport aux machines à laver, ou les bougies par rapport à la lumière électrique. Et dans certaines circonstances, réclamant une certaine intimité, il peut être plus approprié d'organiser un éclairage à la bougie que de braquer de puissants spots électriques, mais cela ne veut pas dire que nous y verrons plus clair, même à l'intérieur de nous-mêmes, en renonçant à l'usage de l'électricité.

*Justement, à propos de la bougie et de l'électricité, qu'en est-il du dialogue qui s'instaure entre le talmudiste et le biophysicien ?*

— Pour moi, il s'agit d'un dialogue entre deux domaines de connaissance qui permettent précisément d'exercer cette distanciation de l'un par rapport à l'autre. La dialectique talmudique, comme philosophie du droit, permet d'élaborer des méthodes d'établissement de règles morales et juridiques, en tenant compte d'un savoir scientifique qui lui est extérieur mais juxtaposé.

*La méthode talmudiste serait-elle un moyen d'aiguiser votre intelligence ?*

— C'est probablement un moyen parmi d'autres ; la pratique de la recherche scientifique l'est aussi. Par contre, ce qui est spécifique à la pensée talmudique, c'est un certain usage de la méthode casuistique. Celle-ci a été très largement dévalorisée au cours des siècles, et notamment par la philosophie critique à ses débuts. Alors qu'aujourd'hui, lorsqu'on est confronté à des problèmes concrets d'éthique ou de comportement, cette méthode qui consiste non pas à partir de principes généraux, difficilement applicables à des situations spécifiques, mais à dégager des principes provisoires qui pourront ensuite être confrontés à d'autres situations, un va-et-vient continu, reste valable. Il paraît même qu'elle s'impose actuellement à l'analyse des questions d'éthique de la biologie et de la médecine.

3

## Edgar Morin* : braconnier des savoirs

*« Je suis un braconnier du savoir, c'est pourquoi les gardes-chasse me tirent dessus », dit de lui-même Edgar Morin. La richesse de la* Méthode des méthodes *(au carrefour des sciences physiques, biologiques et humaines) se manifeste jusque dans les jeux de mots, les formules brillantes dont Morin raffole : « La seule pensée qui vive est celle qui se maintient à la température de sa propre destruction. »*

*Morin est-il sociologue, épistémologue, témoin ou acteur du temps présent ? Pas question d'étiqueter cet esprit libre, inlassablement renouvelé. A travers une trentaine d'ouvrages se poursuit cependant la quête du « radicalement nouveau » qui reflète notre époque.*

*Edgar Morin défend l'idée d'un « désordre organisateur ». Pourtant, Paul Valéry nous avait déjà avertis : « Deux calamités menacent le monde : l'ordre et le désordre. » Or, un univers gouverné par la logique, comme une machine-outil, serait en effet sans nouveauté ; mais un uni-*

* Épistémologue, directeur de recherche au CNRS, Edgar Morin anime le Centre d'études transdisciplinaires de l'École des hautes études en sciences sociales.

*vers régi par le chaos, incapable de s'organiser, serait également inapte à la création. Nous devons donc concevoir l'univers à travers une relation complexe ordre/désordre/organisation. Si cette perspective ne donne pas la « clé » du réel, elle permet d'en comprendre mieux le jeu.*

*Les théories scientifiques ne sont pas le reflet du réel, mais les projections de l'homme sur ce réel. « Notre monde fait partie de notre vision du monde, laquelle fait partie de notre monde. » Il faut donc envisager toute science physique dans son ancrage social, et tout fait social dans son enracinement physique. C'est alors, seulement, que notre « regard sur le regard regardant » pourra capter la réalité vivante sans trop la mutiler.*

## Bibliographie

*L'An zéro de l'Allemagne*, La Pensée universelle, Paris, 1946.

*L'Homme et la Mort*, Le Seuil, Paris, 1951.

*Autocritique*, Le Seuil, Paris, 1959.

*Mai 68 : la brèche*, Fayard, Paris, 1968.

*La Rumeur d'Orléans*, Le Seuil, Paris, 1969.

*Le Vif du sujet*, Le Seuil, Paris, 1969.

*Journal de Californie*, Le Seuil, Paris, 1970.

*Le Paradigme perdu : la nature humaine*, Le Seuil, Paris 1973.

*La Méthode, 1. La Nature de la nature* ; 2. *La Vie de la vie* ; 3. *La Connaissance de la connaissance*, Le Seuil, Paris, 1973, 1977, 1980.

*Pour sortir du XX^e^ siècle*, Fayard, Paris, 1981.

*De la nature de l'URSS*, Fayard, Paris, 1983.

*Penser l'Europe*, Gallimard, Paris, 1987.

*Un nouveau commencement*, Le Seuil, Paris, 1991.

*En tant que « sociologue du présent », vous avez effectué des plongées dans l'événement : Mai 68, la rumeur d'Orléans, la contre-culture. Mais actuellement, vous voici dans une tout autre sphère, à la quête d'une synthèse transdisciplinaire qui se dégage aussi de votre ouvrage* Pour sortir du XXe siècle. *Quelle unité serait à la base de cette apparente dispersion* ?*

— Mon point de départ est double : d'une part, il y a l'attention accordée à l'événement qui nous apporte toujours quelque chose que la théorie n'avait pas prévu ; d'autre part, l'interrogation sur l'humain et la recherche d'une anthropologie qui ne soit pas insulaire dans l'univers physique et biologique. Ainsi en est-il de mes deux premiers livres : *L'An zéro de l'Allemagne*, inspiré de ma stupeur et de ma fascination dans ce pays en ruine, décapité, où j'arrivais dans l'armée victorieuse ; l'autre, *L'Homme et la Mort*, qui analyse le phénomène à la fois le plus biologique — l'inévitable mort — et le plus culturel — les mythes universels et les fabuleuses croyances en un au-delà de la mort. Comme l'a dit La Rochefoucault,

* Entretien de 1981.

« la mort, comme le soleil, ne peut-être regardée en face » : j'ai voulu donc regarder l'homme regardant la mort, et cette nécessité de la réflexivité — ce regard sur le regard regardant — n'a pas cessé de se développer dans mon œuvre. C'est effectivement après 1968 qu'elle se trouve renouvelée grâce aux rencontres du « groupe des dix », et à mon séjour à l'Institut Salk en Californie, me permettant les découvertes simultanées de la nouvelle biologie, de la théorie des systèmes, de la cybernétique, de la théorie de l'information et enfin du problème clé de l'auto-organisation (*via* Atlan et von Foerster).

*De quelle manière ces nouvelles théories ont-elles modifié l'éclairage de vos travaux ?*

— Elles m'ont ouvert aux problèmes clés de l'ordre, du désordre et de l'organisation ; elles ont réveillé mon ancienne préoccupation de la réalité à la fois biologique, psychique et sociale de tout ce qui est humain. Bref, elles ont restimulé toutes mes préoccupations fondamentales. Ainsi, dès *L'Homme et la Mort*, j'étais frappé par la réalité des mythes autant que par leur irréalité. Aujourd'hui, je reste frappé par la réalité vivante des idées et idéologies autant que par leur caractère illusoire. Je m'interroge sur les idées qui, à la fois, nous permettent de concevoir le monde et nous empêchent de le voir. Et j'en suis venu naturellement aux interrogations de « méthode » : quel est le commerce que l'esprit établit avec le réel ? Comment organiser notre pensée ? Y a-t-il une méthode qui puisse nous aider à concevoir le réel de façon non fantasmatique, non mutilante ?

*Ne seriez-vous pas à la recherche d'une synthèse interdisciplinaire ?*

— Ce qui m'intéresse n'est pas une synthèse, mais une pensée transdisciplinaire, une pensée qui ne se brise pas aux frontières entre les disciplines. Ce qui m'intéresse, c'est le phénomène multidimensionnel, et non la discipline qui découpe une dimension dans ce phénomène. Tout ce qui est humain est à la fois psychique, sociologique, économique, historique, démographique : il importe donc que ces aspects ne soient pas disjoints, mais concourent à une vision « polyoculaire ». Ce qui m'anime, c'est le souci d'occulter le moins possible la complexité du réel.

*Selon votre recherche actuelle, comment vous définissez-vous : philosophe, épistémologue ou scientifique ?*

— J'ai fait des recherches sur le « terrain » en sociologie, mais je ne me prétends pas pour autant scientifique. Je suis dans le mouvement de va-et-vient entre la réflexion philosophique et la science, sans prétendre pour autant occuper le trône de l'épistémologie. Je travaille à l'interface de ces catégories. Pour moi, la problématique science-philosophie n'est pas alternative : l'une et l'autre peuvent et doivent confluer et s'entre-nourrir. La science contemporaine débouche sur des problèmes philosophiques fondamentaux et propose de nouveaux concepts philosophiques. De même, je ne crois pas à une philosophie close, qui ignore la prodigieuse aventure de connaissance qu'est l'aventure scientifique.

*Ne vous comportez-vous pas conformément à la thèse de René Girard, selon laquelle dès qu'une théorie est défendue par un autre elle vous attire ?*

— Certes, je tente spontanément d'intégrer la conception adverse plutôt que de la rejeter. Mais cela vient aussi du très fort sentiment, quasi hégélien, que toute idée appelle l'idée contraire. Plus profondément encore, je crois que le surgissement de la contradiction peut signifier le surgissement d'une dimension cachée dans la réalité et annoncer un nouveau progrès dans la connaissance.

*Votre* Méthode *défend le principe d'un « désordre organisateur », pour ne pas dire rédempteur, qui est, d'ailleurs, au centre des travaux actuels de la physique, de la biologie et de la cybernétique. Pourtant, Paul Valéry disait déjà que « deux calamités menacent le monde : l'ordre et le désordre ».*

— En effet, l'ordre et le désordre, isolés, sont deux calamités. Un univers qui ne serait qu'ordre serait un univers où il n'y aurait ni nouveau ni création. De même un univers qui ne serait que désordre n'arriverait pas à constituer de l'organisation et serait inapte au développement et à l'innovation. C'est pourquoi nous avons besoin de concevoir l'univers à partir de ce que j'ai appelé le « tétragramme » : ordre/désordre/interactions/organisation. Ce tétragramme ne donne pas la « clé » de l'univers ; il permet d'en comprendre le jeu. Il nous en révèle la complexité. Le but de la connaissance n'est pas de découvrir le secret du monde en un maître mot. Il est de dialoguer avec le mystère du monde.

*Si le propre d'une théorie scientifique réside dans sa simplicité, comment votre « système de complexité » peut-il être non seulement l'objet de votre recherche mais même un nouveau paradigme ?*

— Popper a déjà remarqué que la notion de simplicité est complexe ! Il faut distinguer entre le mythe délirant de la simplicité de l'univers et l'admirable simplicité des théories scientifiques qui unifient en un même principe des phénomènes extrêmement divers, comme la loi de la gravitation de Newton qui permit de concevoir à la fois la chute des pommes sur la Terre, la non-chute de la Lune sur la Terre et le mouvement cyclique des marées. La simplicité de l'univers fut le mythe de la science classique, recherchant l'unité élémentaire et la loi suprême de l'univers. Cette recherche fut extraordinairement féconde, puisqu'elle a suscité la découverte de la molécule, de l'atome et de la particule. Cependant elle a débouché précisément sur la complexité : ce sont les sciences physiques qui ont découvert, pour le « principe de l'univers », non pas une loi suprême, mais le jeu d'ordre/désordre/organisation ; pour l'« origine de l'univers », non pas une fondation mais un mystère catastrophique ; pour le « devenir de l'univers », non seulement l'organisation, mais la dispersion et la désintégration. La complexité est donc un phénomène qui nous est imposé par le réel et qui ne peut pas être refoulé. Ce qui doit être combattu, c'est la simplification arrogante, qui occulte l'être et l'existence au profit de la seule formalisation, qui réduit les entités globales à leurs éléments constitutifs, qui croit avoir isolé un objet de son environnement et de son observateur, alors que c'est impossible. Je ne pose pas un « système de complexité », je pose le problème incontournable de la « complexité ».

*Face à face, deux visions du monde : Descartes voulait l'homme « maître et possesseur de l'univers », et vous-même souhaitez que « la science apporte l'autoconnaissance ». Quelle dialectique s'instaure entre ces deux méthodes divergentes ?*

— La différence essentielle c'est que Descartes a écrit un « discours de la méthode », alors que j'ai élaboré un « discours à la recherche de la méthode » ; qu'il croyait que l'on pouvait déduire une méthode à partir des principes, alors que je cherche ces principes. Descartes avait formulé la grande disjonction qui va dominer le monde occidental : entre l'objet et le sujet, entre la nature et l'homme qui doit la maîtriser. Dès lors, l'autoconnaissance revenait à la philosophie et la connaissance objective, à la science. Je refuse cette disjonction ; il ne s'agit pas de faire une synthèse entre la philosophie et la science, mais le développement incontrôlé du pouvoir de manipulation des sciences pose des questions philosophiques fondamentales et oblige les scientifiques à l'autoconnaissance. D'autre part, Descartes avait postulé la clarté et la distinction comme critères conceptuels de vérité. Or, aujourd'hui, il est impossible d'avoir de l'univers une vision claire et distincte. Il est impossible d'isoler l'être vivant de son écosystème, l'individu de sa société, le sujet de l'objet. Il nous faut travailler et penser non seulement par distinction et clarté, mais aussi avec « le flou et l'obscur ».

*Si les déterminations culturelles subies par toute pensée codéterminent l'objet de connaissance, comment peut-on alors aspirer à une science « objective » ?*

— Nous pouvons considérer des données objectives et effectuer des mesures contrôlables : la concordance entre les observations et les expérimentations est la garantie classique de l'objectivité scientifique. Cela ne veut pas dire pour autant que les théories scientifiques soient intrinsèquement objectives : elles ne sont pas des reflets du réel, mais des projections de l'esprit humain sur ce réel. Ainsi, les mêmes données objectives ont pu être utilisées dans des théories diverses ou même adverses, comme celles de Ptolémée, Copernic, Newton, Einstein. Ce que nous saisissons du monde, ce n'est pas l'objet moins nous, mais l'objet vu et observé, coproduit par nous. Notre monde fait partie de notre vision du monde, laquelle fait partie de notre monde. C'est-à-dire que la connaissance de l'objet le plus physique ne saurait être dissociée d'un sujet connaissant, enraciné dans une culture et dans une histoire. Il est donc aussi nécessaire de considérer toute connaissance physique dans son enracinement anthropo-social que de considérer toute réalité anthropo-sociale dans son enracinement physique.

*Estimez-vous alors avoir réussi à élaborer « le nouveau discours » — ambition centrale de votre recherche — qui articulerait les trois niveaux d'organisation du physis, du biologique et de l'anthropo-social, sans les réduire l'un à l'autre ?*

— J'ai voulu montrer que l'articulation de la connaissance de l'homme à la connaissance biologique, et celle-ci à la connaissance physico-chimique, ne signifie pas pour autant réduire l'humain au biologique, et le vivant au physico-chimique ; c'est, au contraire, complexifier ces connaissances. J'ai voulu montrer également qu'enraciner la production du savoir scientifique dans la production culturelle n'est pas pour autant réduire la science à une idéologie ; c'est, au contraire, complexifier notre conception de la connaissance scientifique à double racine, l'une inhérente à la praxis historico-sociale, et l'autre inhérente à la réalité empirique. Notre vision scientifique du monde est mutilée si elle n'inclut pas l'observateur-concepteur et, avec lui, non seulement son « idiosyncrasie » mais aussi sa culture, son histoire.

*L'idée systémique d'« émergence » et l'idée cybernétique de « rétroaction » ont donné naissance à la théorie de l'autonomie. Pourquoi avoir choisi ces concepts physiques pour éclairer les phénomènes biologiques par « en dessous », plutôt que par « en dessus », c'est-à-dire à partir de l'être vivant ?*

— L'idée systémique d'« émergence » et l'idée cybernétique de « rétroaction » sont les premiers outils conceptuels pour concevoir l'autonomie des « êtres-machines ». En effet, ma conception de l'autonomie se situe à plusieurs étages : si elle part des sous-sols de la théorie de l'organisation, elle se développe à chaque niveau, biologique, anthropologique et social. Toute théorie de l'organisation est déjà une théorie de l'autonomie puisque l'organisation assure au système une relative autonomie par rapport aux déterminismes et aux aléas extérieurs. La notion d'autonomie n'est pas antinomique, mais complémentaire de l'idée de dépendance, car toute organisation vivante doit se nourrir de matière/énergie/information pour pouvoir exister, s'autoréorganiser ; elle dépend donc de l'environnement extérieur comme de son patrimoine génétique. Le moindre être cellulaire est une machine non seulement informationnelle, mais computante, qui opère en se référant à elle-même. D'où l'idée à mes yeux centrale : *computo ergo sum* : sans *computo*, pas d'existence vivante, pas d'individualité.

*Vous dites : « Dès lors que la théorie biologique élimine l'idée de vie et que la théorie sociologique élimine l'idée d'homme, il devient non-sens et non-science que l'homme soit un être vivant. » Quelle serait alors la* scienza nuova *apte à concevoir l'individu-sujet dans sa globalité ?*

— La pensée réductrice croit pouvoir éliminer l'idée de vie parce que celle-ci n'est autre qu'un faisceau de qualités émergentes de l'organisation vivante, et ne relève d'aucun principe « vital » originaire. Je crois au contraire que ces qualités émergentes — l'échange, l'auto-organisation, l'autoreproduction, la computation — constituent précisément la réalité vivante. Celle-ci émerge à partir de conditions et de processus physico-chimiques, mais constitue une réalité originale. Ainsi la vie naît de la non-vie, et en est inséparable, mais il ne faut pas ignorer la « vie de la vie ». De même, en ce qui concerne la notion d'homme, certains ont cru pouvoir la bannir de la sociologie, voire de l'anthropologie. Or la société humaine n'existe que dans et par les interactions entre les humains. Cette société, émergeant de ces interactions, rétroagit sur les individus et les asservit. Comment oublier les caractères proprement humains d'*homo sapiens/demens* quand on considère le développement fabuleux des techniques et des mythes, ainsi que le bruit et la fureur qui déferlent dans l'histoire...

*Que pensez-vous de la thèse de la sociobiologie selon laquelle l'acteur principal de la vie n'est pas l'individu mais le gène, et l'être vivant n'est qu'une machine de survie que les gènes ont « programmée » ?*

— L'idée génétique a pu devenir hégémonique parce qu'elle associe la vertu physico-chimique de l'organisation moléculaire à la vertu informationnelle du « programme ». D'où la tendance propre à la pensée réductrice de voir dans le gène la « vraie » réalité vivante. La sociobiologie n'est que l'avatar le plus récent de la fétichisation du gène, doté dès lors de vertus transcendantes quasi métaphysiques. Or cette fétichisation empêche de comprendre que le gène dépend des protéines qu'il spécifie, qu'il ne prend vertu informationnelle que dans l'activité complexe de toute la machinerie vivante. L'individu vivant dépend donc des gènes, mais leurs conservation et reproduction dépendent de l'individu vivant qui en dépend ; « nous possédons des gènes qui nous possèdent ».

*La mort est inscrite dans la nature même de la vie ; ici prend tout son sens la maxime d'Héraclite : « Vivre de mort, mourir de vie. » Nous voyons surgir une relation vie-mort à double visage : considérée dans l'irréversibilité du temps sociologique, la mort est plus forte que la vie ; mais considérée dans l'optique de la réversibilité du temps, la néguentropie pourrait-elle égaler l'entropie, et la vie neutraliser la mort ?*

— Je suis revenu souvent sur la formule inépuisable d'Héraclite : vie et mort sont indissociables, s'entre-nourrissent et sont pourtant irréductiblement ennemies. La mort simplifie et complexifie simultanément : elle simplifie la vie, en réduisant le complexe vivant à ses éléments physico-chimiques ; elle complexifie la vie, en intégrant une mort qui pourtant ne cesse de la désintégrer. Toutefois, je dirais que le caractère premier de la vie est de subir la mort, le caractère second de l'utiliser. Autrement dit, la relation vie/mort est non seulement dialectique, mais tragique.

*« La science occupe la position singulière d'écoute poétique de la nature », a dit Ilya Prigogine (Prix Nobel). Cette « nouvelle alliance », cette quête d'un « savoir réconcilié »*

*pourrait-elle jeter la base d'une autre vision du monde ?*

— Nous sommes issus d'un univers où nous sommes des marginaux et des semi-étrangers. La vie elle-même est très minoritaire dans le système solaire, et peut-être est-elle même exceptionnelle, voire unique dans l'univers. Nous sommes, en effet, issus d'une évolution naturelle, mais depuis notre entrée dans le monde de la culture, nos relations avec la nature sont devenues médiatisées, brouillées par le « bruit » idéologique. C'est parce que nous nous sommes éloignés de la nature que nous voulons la retrouver. Pourtant nous ne pourrons pas retrouver l'unité perdue, ni un « savoir réconcilié ». La pensée humaine est quelque chose de singulier et de bizarre dans l'univers ; elle ne reflète pas le réel, elle le traduit, elle ne reflète pas le monde, elle se le représente. Nous ne pouvons donc pas cesser notre aliénation, notre étrangéité avec cette nature qui est pourtant notre matrice et notre mère/marâtre. Il faut rompre avec la vision surnaturelle et insulaire de l'homme, mais nous ne pouvons cependant pas rompre avec notre situation péninsulaire et bioculturelle.

*Cette « maîtrise de la nature » ne serait-elle pas aussi une projection du monothéisme occidental ?*

— Certes, mais cette vision de « l'homme maître et possesseur de la nature » doit nous paraître insensée. Non seulement parce que nous avons appris que nous ne sommes pas au centre du monde, mais à la périphérie, mais aussi parce que la maîtrise de notre petite planète fait de nous des apprentis sorciers. Il nous faut non seulement renoncer au projet gengiskhanien de conquérir et asservir la nature, mais aussi surmonter l'alternative « suivre ou guider » la nature, ce qui nous conduit à la conception complexe du double pilotage homme-nature. Spencer Brown disait que si l'univers voulait se connaître, il lui faudrait envoyer en exil une petite parcelle de lui-même qui puisse, du lointain, le connaître ; ainsi, il ne pourrait se connaître qu'en devenant étranger à lui-même. Notre connaissance de l'univers suppose à la fois familiarité et étrangeté ; elle suppose notre exil.

*Votre recherche transdisciplinaire dans l'élaboration de la « méthode des méthodes » se reflète même dans votre langage néologique : jeux de mots et d'esprit. Jusqu'à la maxime : « La seule pensée qui vive est celle qui se maintient à la température de sa propre destruction. »*

— Cette maxime exprime ma conviction profonde : la pensée chercheuse se meut à l'interface entre la logique et la non-logique, entre le rationnel et l'irrationnel. Ce n'est pas un hasard si Pascal a pensé à la limite de la raison et Hölderlin à la limite de la folie. Toute nouvelle pensée s'engage dans une aventure où elle risque de mourir.

*Seriez-vous alors un encyclopédiste de l'an 2000 ?*

— Je ne peux, nul ne peut-être encyclopédique. Je me sens plutôt encyclopédant, non dans le sens pédantesque du terme, mais dans le sens auto-éducatif : apprentissage mettant le savoir en cycle, tentant d'articuler ce qui est disjoint et devrait être joint. Par mes voyages à travers les territoires de la connaissance, je suis un contrebandier du savoir, et c'est pourquoi les gardes-chasse me tirent dessus.

4

## Paul Feyerabend * : un anarchiste dans la science

*Après la guerre, Paul Feyerabend a mené une double carrière de physicien et d'homme de théâtre, à Weimar, puis à Vienne. Après avoir refusé de devenir l'assistant de Bertolt Brecht (« la plus grave erreur de ma vie », dit-il aujourd'hui), il s'oriente vers la philosophie des sciences. Il est actuellement professeur à l'université de Berkeley, en Californie, et l'auteur de nombreux pamphlets, pour ne pas dire brûlots.*

*Passionné et provocateur, ce plaidoyer pour un savoir libertaire — degré zéro d'une méthodologie pluraliste — s'insurge contre le dogmatisme sournois des épistémologues classiques, « ces fonctionnaires de la pensée », et renouvelle avec une salubre véhémence et un humour dadaïste le débat sur le mythe de la raison. Le subversif Feyerabend affirme : « Il me semblait indispensable de défendre l'épistémologie anarchiste face au rationalisme critique, car en analysant la démarche scientifique — mélange inextricable d'intuition, de logique, mais aussi de propagande — élaborée par des savants afin d'imposer*

* Historien et philosophe des sciences, professeur à l'université de Berkeley (Californie) et à l'Institut de technologie de Zurich.

*leurs découvertes, j'ai voulu obliger les "rationalistes" à s'exclamer : "*My God*, il semblerait qu'en science* anything goes *!"* »

*Or, cet authentique démocrate nous avertit que les armes matérielles et intellectuelles fournies par la science constituent actuellement les plus efficaces instruments de la domination sociale.*

## Bibliographie

*Contre la méthode. Esquisse d'une théorie anarchiste de la connaissance*, Le Seuil, Paris, 1979.

*Adieu la raison*, Le Seuil, Paris, 1989.

*Vous proposez que la séparation de l'État et de l'Église soit complétée par celle de l'État et de la science, que vous considérez comme l'une des plus agressives et des plus dogmatiques des religions. Ne serait-ce pas une utopie * ?*

— En effet, cette idée pourrait sembler utopique si vous vouliez la mettre à exécution tout d'un coup, mais pas si vous procédiez graduellement. On pourrait, par exemple, séparer l'État et la science dans le domaine médical, comme en acupuncture, où elle pourrait être supervisée par les citoyens. Par la suite, vous sépareriez d'autres spécialités selon des zones géographiques problématiques. Progressivement, le problème serait ainsi résolu.

*Vous souhaitez effacer l'élément religieux dans la science, pourtant Einstein n'a-t-il pas affirmé que « la religion sans la science est boiteuse, mais la science sans la religion est borgne » ?*

— Quand je conteste les éléments religieux en science, je fais allusion aux éléments non démocratiques et agressifs qui s'y introduisent. Il va de soi que la science ne peut

---

* Entretien de 1982.

se dispenser d'avoir une vision globale du monde, puisqu'elle a trait à l'humain. Mais j'aimerais éliminer sa composante dogmatique.

*Nietzsche avait déjà prédit que si la science prenait la place de Dieu, elle s'effondrerait d'elle-même et l'on pourrait enfin poser les vraies questions, la science est-elle alors prête à renoncer à son « extraterritorialité » ?*

— La question n'est pas de savoir si la science y est prête mais si les citoyens sont disposés à y renoncer. Elle serait alors bien obligée de le faire, puisque ce sont eux qui la paient. Vous évoquez les « questions essentielles », « essentielles » pour qui ? Il y a bien celles qui sont soulevées par les scientifiques, ou les épistémologues — ces fonctionnaires de la pensée —, mais pourquoi devrions-nous accepter leurs critères ? Pour moi, les questions essentielles sont celles qui me touchent le plus profondément dans ma vie, et celles-ci ne sont que très rarement soulevées par la science. La religion serait plus apte à les traiter, et si, en effet, la science remplaçait Dieu, une grande part de ces questions ne serait plus évoquée du tout. D'ailleurs, personne ne nous interdit de les aborder actuellement. Il en aurait été autrement si nous vivions dans une société totalitaire dirigée par des scientifiques comme le préconisait Platon, car la « police de la pensée » nous en aurait empêchés. Le seul handicap, à présent, est notre propre autocensure ; mais qui sont les savants pour nous intimider ainsi ?

*Croyez-vous que la prédominance de la science occidentale provient du fait que nous avons créé une philosophie dualiste et mécaniste, tandis que la pensée orientale a fondé une spiritualité moniste et organique ?*

— Vous semblez insinuer une double idée : premièrement, que la science prédomine et, deuxièmement, qu'elle doit son succès — donc son pouvoir — à son caractère mécaniste. La situation paraît plus complexe : l'influence de la science est, en effet, très étendue, mais la cause en diffère selon les diverses régions du monde. La Colombie, par exemple, pour surmonter sa pauvreté, réclame l'aide internationale pour créer un important dispositif de médecine occidentale. Pourquoi le souhaite-t-elle ? Principalement pour le prestige qu'apporte la science occidentale car il n'est pas encore prouvé que ces grands appareils — aux prix exorbitants — soient plus efficaces, pour la Colombie, que sa médecine traditionnelle. On trouve donc diverses raisons à la prédominance de la science occidentale qui ne proviennent pas nécessairement de sa philosophie mécaniste.

*La « raison » semble un instrument spécifiquement européen, pourtant vous soutenez que « sans une destitution fréquente de la raison, il n'y a point de progrès ».*

— Je peux appuyer mon hypothèse sur l'analyse de l'histoire des sciences. On a souvent émis des constatations déconcertantes : dans l'Antiquité, par exemple, n'a-t-on pas dit que la Terre était en mouvement ? Or, au vu des théories scientifiques et des croyances religieuses de l'époque, c'était une idée surprenante. Comme si l'on soutenait aujourd'hui que la Terre est immobile au centre de l'univers. Pourtant, c'est en allant contre la raison de son époque que la science a pu progresser. Vous dites que la raison est « spécifiquement européenne » ; croyez-vous donc que les gens de l'âge de pierre ou de l'Afrique centrale ne « pensent » pas ?

*Peut-être le font-ils d'une manière plus « intuitive », tandis que nous le faisons d'une manière plus « logique »...*

— Je doute que les scientifiques pensent tellement « logiquement » ; il suffit d'observer attentivement au terme de quel cheminement ils aboutissent à leurs « découvertes » et comment ils les défendent devant l'opinion publique et scientifique. C'est alors que l'on se rend bien compte par quels sauts d'intuition ils ont dû procéder, car ils n'adhèrent que temporairement à des systèmes logiques. La recherche scientifique est donc un mélange d'intuition et de raisonnement.

*Pour Karl Popper, « ce qui est vrai en logique est vrai [...] dans la méthode scientifique ». Or, vous-même, vous soutenez que « la science ne progresse qu'en transgressant les règles imposées par les logiciens ». Qui a raison ?*

— Personne. Vous devez découvrir la réponse par vous-même. Une idée pourtant se dégage : si vous élaborez votre science correctement, elle détiendra une parcelle de vérité. Quand deux scientifiques se contredisent, c'est que l'un d'entre eux n'a donc pas procédé correctement. Toutefois, quand un problème importe vraiment pour une communauté, comment pourrait-elle se fier aux scientifiques puisqu'ils auront toujours des opinions conflictuelles ? Elle devrait donc mener sa propre recherche.

*Quels critères préconiseriez-vous pour que la science puisse établir ou rejeter des théories ?*
— Si vous voulez, par exemple, connaître la température au centre du soleil, bien évidemment, vous ne pouvez pas y aller avec un thermomètre. Vous devez donc inventer une nouvelle méthode de raisonnement qui vous mènera du centre du soleil à sa surface, pour laquelle nous disposons d'instruments de mesure, et vous pourrez déduire ainsi la température du centre du soleil. Dans certaines circonstances, vous devez donc inventer des instruments inédits ; il en va de même pour les « critériums », qui sont les instruments de mesure des théories : il en fut ainsi pour la théorie de la relativité générale, théorie révolutionnaire s'il en fut une.

*Einstein n'avait-il pas déjà averti : « C'est la théorie qui détermine ce que nous pouvons observer » ?*
— Cela s'applique uniquement à des théories de caractère global, comme la théorie de la relativité générale d'Einstein, qui explique certains aspects propres à tout objet existant. Cela détermine par conséquent aussi quels sont ses aspects observables. Toutefois le contenu de la théorie d'Einstein peut être transposé, d'une certaine façon, à d'autres théories. Lorsque Einstein stipule qu'au cours d'une éclipse solaire les étoiles proches du soleil sont, simultanément, un peu à l'écart, il invente une nouvelle conception complexe de la « distance ». Les savants qui avaient élaboré avant lui d'autres théories de la « distance » purent, pourtant, les compléter en y « transposant » certains éléments einsteiniens tout en lui accordant la prééminence.

*Pour faire triompher sa nouvelle cosmologie, Galilée eut recours à la propagande : « Ainsi la Terre et la science moderne se mirent en mouvement*[1]. *» De ce fait, quelle différence y aurait-il avec d'autres idéologies ?*

— Aucune. Voyons ce qui se passe à une réunion paroissiale ou dans une commission scientifique, là où des savants ont des idées divergentes qu'ils essaient de défendre : beaucoup dépend de l'intelligibilité de leurs théories, car des idées, même justes, exprimées en équations mathématiques hermétiques, ne seront pas acceptées. Il importe également de savoir de quel côté se range le prestigieux *establishment*. C'est pourquoi l'on a recours aux préjugés et donc à la propagande. Quant au cas particulier de Galilée — ce propagandiste aux talents extraordinaires —, il logeait souvent les nouveaux faits dans des évidences anciennes : en examinant ses arguments étape par étape, vous y découvrirez souvent des méthodes de propagandiste ; « La raison gagne grâce à de mauvaises raisons et la science, pour s'opposer à la Foi, recourt à la mauvaise foi[2]. »

*Soutiendriez-vous, alors, que le « charisme » est aussi important en science qu'en politique ?*

— Certainement, Galilée en a d'ailleurs usé fréquemment et tout savant intelligent doit y recourir pour réussir.

*Si toute connaissance scientifique, comme le disait Adorno, « est dépendante d'une culture et tissée par l'idéologie propre à une société », quelle serait la* scienza nuova *produite par les courants actuels ?*

— Cette hypothèse d'Adorno semble ambiguë ; s'il a voulu montrer que la « connaissance scientifique » dépend du savoir et de la vision du monde de ceux qui l'ont produite, alors elle dépend en effet d'une culture. Mais s'il a voulu montrer que la « connaissance scientifique » ne dépend que de la culture ambiante, alors Adorno a eu tort. Car souvent la « connaissance scientifique » évolue justement dans un environnement hostile, et le cas de Galilée

1. Jean-Marc LÉVY-LEBLOND, *Esprit de Sel*, Le Seuil, Paris, 1981.
2. ID., *ibid.*

est significatif : sa théorie a pu vaincre malgré l'hostilité de l'Église.

*Le rationalisme de Descartes n'a-t-il pas néanmoins produit une science déterministe ?*

— L'idée d'une science déterministe est née à l'époque de Laplace, mais il n'y a pas de lien direct entre Descartes et Laplace qui, lui, s'est fondé sur la physique newtonienne. Et Newton n'était certes pas un mécaniste déterministe puisqu'il pensait que le système planétaire était déterminé en partie par les lois de la mécanique et en partie par l'interférence de Dieu. A l'époque de Laplace — qui disposait de meilleures formules mathématiques —, Dieu pouvait déjà être éliminé, et c'est là le sens de sa célèbre réplique à Napoléon : « Je n'ai plus besoin de cette hypothèse. »

*Pensez-vous que l'on assiste, à présent, à l'émergence d'un nouveau paradigme de « désordre organisateur », dont le pionnier serait Prigogine[3] avec ses « structures dissipatives » ?*

— C'est probable ; et il faut, tout d'abord, voir les répercussions de cette nouvelle théorie dans les sciences sociales. J'espère néanmoins qu'elle n'aura pas une influence trop décisive qui éliminerait encore davantage la poésie comme moyen d'explorer la réalité.

*Quelle serait l'importance de cette contribution dans le champ physique lui-même ?*

— Une part de cette théorie est fondée sur la mécanique céleste de Poincaré, où elle a effectivement apporté une contribution importante. Mais le principal apport des « structures dissipatives » se situe justement hors de la physique, en chimie, en biologie et même en sociologie. C'est une attente motivée par l'une des idées clés de Prigogine, à savoir que la science, excluant les phénomènes sociaux et humains, sera toujours accusée d'être trop restreinte. « Non, dit-il, la science déterministe de Laplace ne peut plus régner ; mais si nous appliquions une nouvelle approche, de nouveaux instruments mathématiques, même

3. Ilya PRIGOGINE, *La Nouvelle Alliance, op. cit.*

à cette vieille science, nous découvririons des situations toutes nouvelles. » Ma seule crainte est de voir les savants, qui ont toujours essayé d'éliminer la poésie comme étant incompatible avec la réalité, disposer encore de meilleurs moyens pour le faire.

*Mais puisque Prigogine a affirmé que la « nouvelle alliance » serait « une écoute poétique de la nature », ne va-t-il pas rétablir ainsi une nouvelle symbiose entre science et poésie ?*

— Je l'espère bien !

*La science et les mythes semblent-ils avoir certaines caractéristiques communes ?*

— Les sciences n'ont pas beaucoup de traits communs entre elles ; si vous comparez la botanique et l'astrophysique, vous verrez que la première utilise une terminologie qualitative et la seconde, une terminologie quantitative. Certains considèrent même la psychiatrie comme une science. Ainsi, une fois que vous aurez examiné les sciences non plus du point de vue théorique, mais en examinant la pratique, vous découvrirez une telle diversité que la distinction entre science et mythe ne semblera plus tellement flagrante. Prenez, en cosmologie, la théorie du « Big Bang » : cette extraordinaire explosion évoque bien certains mythes. De même, le fait qu'une loi de la nature peut être modifiée sous l'influence de forces opposées évoque le mythe d'Hésiode, où une certaine régularité fut imposée par le règne de Zeus qui, en gardant les Titans dans l'enfer, élimina également les forces opposées.

*Heisenberg souligne : « Ce que nous observons n'est pas la nature elle-même mais la nature exposée à notre méthode d'investigation. » Ne pourrions-nous donc jamais atteindre la réalité elle-même ?*

— Dans un sens, nous l'avons déjà atteinte puisque nous faisons partie de la nature. Si, d'autre part, selon une théorie spécifique, vous établissez une distinction entre l'être humain et la nature, comme si l'homme n'était qu'un étranger[4] dans

4. Jacques MONOD, *Le Hasard et la Nécessité*, Le Seuil, Paris, 1970.

le monde matériel, alors comment peut-il s'y retrouver ? Cela vous mène à de curieux paradoxes. Dans le cas d'Heisenberg, quand on introduit un thermomètre froid dans un liquide chaud, naturellement celui-ci se refroidit légèrement ; la température est plus basse qu'avant l'opération. Étant donné que l'on peut calculer cette différence, on peut aussi l'éliminer. Mais en théorie quantique, il est impossible de la calculer puisque vous ne pouvez pas différencier le thermomètre du liquide que vous mesurez. Cette situation peut paraître étrange, à moins que vous ne vous rendiez compte que vous faites partie intégrante de la nature ; ainsi, la séparation est gommée, et le paradoxe résolu.

*Pourquoi dites-vous que « l'anarchisme théorique est davantage propice au progrès que les doctrines fondées sur la loi et l'ordre » ?*

— J'ai employé le mot « anarchisme » dans un sens bien précis, à savoir celui que lui donnerait un « rationaliste » qui analyserait toutes les démarches élaborées par des scientifiques pour aboutir à leurs découvertes, et qui s'exclamerait : « Mais c'est de la pure anarchie ! »

*Vous souhaitez une « démocratie relativiste » : les citoyens décidant des questions principales de leur vie — une agora moderne. Ne croyez-vous pas que nos sociétés sont trop complexes pour qu'une telle utopie puisse se réaliser ?*

— Si nos sociétés étaient trop complexes, elles le seraient aussi pour les scientifiques, car cela signifierait qu'il existe une imbrication de toutes les spécificités dont les savants ne connaissent qu'une parcelle. Si vous prenez un physicien, il ignore les répercussions sociales de certains changements physiques, le sociologue ignore la physique et le chimiste, la sociologie. Si la situation était trop complexe, tout le monde en pâtirait.

*Non content d'être un anarchiste qui joue le jeu de la raison afin de mieux la saper, vous vous proclamez un dadaïste désinvolte pour lequel « tout est bon »...*

— Je ne pense pas être un anarchiste, même si j'ai écrit

un livre anarchiste. Pareillement, même si j'ai défendu l'épistémologie anarchiste, il n'est pas évident pour autant que je l'aime. Il me semblait indispensable de la défendre, puisque tant de scientifiques, défenseurs de la raison, se trouvent être de l'autre bord. J'ai voulu prouver que leurs raisonnements n'étaient pas aussi irréductibles qu'ils le prétendaient. Quelle est la meilleure manière de le démontrer ? En défendant un point de vue contraire. Mais je n'ai jamais révélé ma propre opinion.

# 5

# Jean-Pierre Dupuy* : héraut de la complexité

*Attentif à la promotion de nouveaux objets scientifiques et à la convergence des approches modélisatrices du réel, Jean-Pierre Dupuy n'a pas son pareil pour circuler dans les savoirs qui dessinent aujourd'hui le visage de la complexité : la physique et ses structures dissipatives, la biologie et ses théories de l'auto-organisation, la systémique et son principe de l'ordre par le bruit, l'économie et sa critique du principe de rationalité... Dupuy n'est à son aise que là où sévit le paradoxe, là où les sciences sont en train d'évoluer. Il fait ainsi son miel de la complexité, cette notion-carrefour qui s'applique aussi bien à la cellule vivante qu'à l'intelligence artificielle ou à l'ordre social. Quelle nouvelle intelligibilité nous promet donc cette approche de la complexité ? Quels nouveaux horizons offre-t-elle à la connaissance ? En 1984, deux colloques tentèrent d'ouvrir des perspectives et de formuler des enjeux : d'une part, à Montpellier, organisé par l'Université des Nations unies et, d'autre part, à Cerisy-la-Salle, autour des travaux*

* Directeur de recherches au CNRS, directeur du Centre de recherches en épistémologie appliquée (CREA) de l'École polytechnique à Paris, enseignant à l'université Stanford (Californie).

*d'Henri Atlan (cf.* Les Théories de la complexité*, sous la direction de F. Fogelman-Soulié, Paris, Le Seuil, 1991). Jean-Pierre Dupuy fut à chaque fois de la partie. Il arpente ici les chemins qui sillonnent son inlassable quête au pays de la complexité.*

## Bibliographie

*L'Enfer des choses. René Girard et la logique de l'économie*, Paris, Le Seuil, 1979 (en collaboration avec Paul Dumouchel).

*Ordres et désordres. Essai sur un nouveau paradigme*, Paris, Le Seuil, 1982.

*L'Auto-organisation : de la physique au politique*, Actes du colloque de Cerisy, Paris, Le Seuil, 1983 (en collaboration avec P. Dumouchel).

*Aux origines des sciences cognitives*, Paris, La Découverte, à paraître.

*Que pensez-vous du fait que l'on érige actuellement le concept de la complexité en un nouveau paradigme qui semble être au centre de travaux récents en physique, en biologie, ou en cybernétique ? Edgar Morin a-t-il tort d'avertir que le « paradigme de la complexité » ne peut encore naître, puisque celui de la simplification ne peut encore mourir * ?*

— Je doute aussi que la complexité puisse déjà se constituer en nouveau paradigme, mais il est certain que c'est aujourd'hui un thème récurrent dans les débats de philosophie des sciences, et que de nombreux colloques lui sont consacrés, comme ceux qui ont eu lieu à Cerisy et à Montpellier. A première vue, il pourrait paraître paradoxal que des scientifiques parlent de complexité, puisque celle-ci désigne quelque chose que l'on ne comprend pas : s'ils parlent tant de la complexité, serait-ce parce qu'ils ne comprennent pas ce qu'ils font ? Il faut d'abord rappeler ce qu'est la méthode scientifique par excellence, c'est-à-dire la modélisation. Modéliser, cela signifie, pour un scientifique, construire un modèle réduit de la réalité chargé d'imiter, de simuler, de recréer le monde observable. Le

* Entretien de 1984 concernant le livre *Ordres et désordres, op. cit.*

savant apparaît donc, si vous voulez, comme une sorte de démiurge qui refait ce que le Créateur a fait autrefois. D'ailleurs, dans l'histoire des sciences, le modèle a souvent été considéré comme plus parfait que le monde réel qu'il représente puisque celui-ci a des imperfections, des impuretés. Le modèle classique avait cette double propriété d'être suffisamment riche pour pouvoir prétendre imiter le monde, et suffisamment simple pour être manipulable par le savant, lequel pouvait se livrer sur lui à des expériences de pensée : il pouvait en tirer des déductions, qu'il confrontait ensuite au réel. Tout cela constitue la base de la démarche que l'on peut appeler « réductionniste » : découvrir derrière la complexité des phénomènes le principe générateur — simple — capable de les reproduire. Or, il est sûr que la science actuelle bute sur des phénomènes complexes, apparemment irréductibles à quelque chose de plus simple qu'eux-mêmes. On peut donner comme exemple la physique, qui s'intéresse maintenant à des phénomènes qui, comme les tourbillons ou la forme de la fumée d'une cigarette, sont à la fois plus quotidiens et plus insaisissables que ceux auxquels elle s'intéressait autrefois, par exemple le mouvement des astres. L'un des chapitres les plus importants de la physique actuelle est l'étude des « systèmes désordonnés ». L'idée émerge que l'on aurait peut-être dans certains cas affaire à une « complexité irréductible ». On veut dire par là qu'il n'est pas possible d'engendrer le phénomène par un modèle plus simple que le phénomène lui-même. Cette notion de complexité irréductible a un rapport étroit avec le hasard et le désordre. Car si vous voulez transmettre l'information contenue dans une forme qui a été produite au hasard, vous devrez transmettre *toute* la forme ; il n'y a pas d'économie possible sur l'information à transmettre. On trouve ici l'idée d'autoréférence : le territoire n'admet pas d'autre carte que lui-même.

*Comment les théories actuelles de la complexité ou du « désordre organisateur » permettent-elles alors d'envisager un nouveau mode d'articulation entre la science et la philosophie, le social et le vivant ? Autrement dit, comment l'« ordre par le bruit » d'Henri Atlan, ou l'« ordre par fluctuation » d'Ilya Prigogine peuvent-ils expliquer des phé-*

*nomènes aussi divers que la croissance des organismes individuels, l'évolution des espèces ou même l'apprentissage ?*

— Il est vrai que certains voient, dans les théories de la complexité, la promesse d'un effondrement prochain des barrières entre les disciplines scientifiques, voire de la suppression, comme vous le disiez, de la différence entre science et philosophie. Personnellement, je serais infiniment plus prudent. Vous avez cité des exemples, et je pourrais en citer d'autres, qui illustraient que ce que produit en fait le thème de la complexité, c'est un remue-ménage épistémologique et des querelles de légitimité entre les diverses disciplines scientifiques. On assiste ainsi aujourd'hui à une lutte entre un courant qu'on pourrait appeler « néo-cybernétique » et un courant « physicaliste ». Je m'explique. C'est von Neumann qui, dès les années cinquante, prédisait que le thème de la complexité serait le problème central de la science à venir, et il ne s'est pas trompé. La cybernétique, à ses débuts, prétendait constituer un modèle alternatif de la science, et son ennemie, son repoussoir, était la physique. La première se présentait comme science des formes organisées complexes, et prétendait que l'autre n'était qu'une science de la matière inanimée, de la matière non organisée, ce qui n'est pas totalement faux d'ailleurs. Or, il est intéressant de constater qu'il y a aujourd'hui un dialogue, conflictuel certes, mais un dialogue quand même, entre les petits-enfants de la cybernétique des premiers temps et la nouvelle physique. Ainsi, un important chapitre de cette dernière s'intéresse à des situations dites « critiques », c'est-à-dire de crise, où l'ordre et le désordre semblent se mêler inextricablement. Or, les physiciens des « systèmes désordonnés » ou complexes investissent aujourd'hui — je prends ce terme dans son sens militaire — la biologie, et surtout la neurobiologie, celle qui essaie de modéliser le cerveau ou la mémoire. Ils jouent aussi un rôle de plus en plus important en intelligence artificielle, en particulier dans les problèmes de reconnaissance des formes. Par ailleurs, dès les années trente, avec Gödel et Turing, s'est édifiée une théorie des algorithmes extrêmement féconde qui a pu depuis définir de manière rigoureuse un concept de complexité, lequel sert de modèle aux autres disciplines. On constate pourtant ici un sérieux problème épistémologique : est-ce que la théorie des algorithmes, c'est-à-dire des machines complexes, peut servir de modèle à une théorie de la complexité des systèmes naturels ?

*Ne croyez-vous pas que la complexité soit avant tout une question de niveau puisqu'elle n'existe que pour l'observateur extérieur, qui ignore le code organisationnel du système, mais non pas pour le système lui-même, puisqu'il s'en sert ?*

— En effet, la question des niveaux est centrale dans les théories de la complexité. Pour certains, et je pense surtout à ceux qui viennent du monde des ingénieurs, ou de l'intelligence artificelle, comme H. A. Simon, la complexité s'apprécie, voire se mesure, par la notion de « niveaux hiérarchiques d'organisation ». C'est, si vous voulez, l'idée des poupées russes : il s'agit de niveaux d'intégration imbriqués les uns dans les autres : les atomes composent des molécules, qui composent des organismes, lesquels composent des sociétés. Certains proposent donc de mesurer la complexité d'un système organisé en de tels niveaux par le nombre de ces niveaux. Cela me paraît une idée trop simple de la complexité, une idée d'ingénieur... linéaire et réductionniste. L'intégration se réduit à une combinatoire. Prenez votre montre : elle comporte de nombreux éléments en interaction, mais nul ne s'étonnera du résultat que ces interactions produisent, puisque ce résultat était programmé. La situation est très différente dans le cas des systèmes naturels, où le problème, complexe par excellence, est justement le passage d'un niveau d'organisation à un autre. Comment les molécules s'agencent-elles pour produirc dcs macromolécules biologiques ? Et comment celles-ci s'agencent-elles pour produire le métabolisme cellulaire ? Les théoriciens de la complexité des systèmes naturels ont dû bâtir, pour décrire ce qu'ils comprenaient — ou plutôt ce qu'ils ne comprenaient pas —, le concept de circularité entre niveaux d'organisation différents. Tout se passe comme si le « tout », qui résulte pourtant de la composition des parties, rétroagissait sur elles ; c'est ce que les logiciens appellent l'« enchevêtrement des niveaux » !

*Comment les théories de l'auto-organisation permettent-elles alors de comprendre la nature logique d'un système où un programme non préétabli se modifie sous l'effet des facteurs aléatoires de l'environnement ?*

— Vous évoquez les théories de l'auto-organisation que l'on peut, en effet, considérer comme un sous-chapitre de cette théorie de la complexité, et qui sont nées dans le domaine de la biologie. Tout le monde a entendu parler du « programme génétique » — cette hypothèse que le développement et l'histoire d'un organisme vivant seraient écrits à l'avance dans les gènes. C'est exactement ce que veut dire, étymologiquement, le mot « programme ». Mais les biologistes ont été obligés de préciser que ce programme génétique est un bien curieux programme, en vérité, puisqu'il « se programme lui-même » ! Comment cela ? Parce que ces opérateurs que sont les protéines de la cellule, qui sont censés « transcrire » et « traduire » le message contenu dans les gènes, sont eux-mêmes codés dans ces gènes. Vous voyez bien ici la circularité, l'enchevêtrement des niveaux au sens où nous le disions tout à l'heure. On bute ainsi sur l'autoréférence du programme génétique, et l'on voit le lien étroit qui existe entre la notion de complexité et celle d'autonomie. Ce paradoxe a été dénoué par Henri Atlan, au moyen de la notion de « complexité par le bruit », qui a recours à ce qui n'est guère en odeur de sainteté chez les scientifiques : le hasard.

*Justement, comment ce hasard, ou le « bruit » peuvent-ils contribuer à augmenter la complexité des systèmes naturels au lieu de n'être qu'un facteur de désorganisation ?*

— Pourquoi disons-nous d'un système qu'il est complexe plutôt que désordonné ? Dans les deux cas, on désigne un déficit de compréhension, un manque de régularité apparente. Quelle différence y a-t-il entre complexité et désordre ? Cette question est d'autant plus pertinente que certains, comme Henri Atlan, ont proposé une mesure de la complexité qui fait appel à la théorie de l'information. Or la mesure qu'ils ont choisie, c'est ce qu'on appelle en termes techniques la « fonction d'entropie » de Shannon, dont on sait par ailleurs qu'elle mesure traditionnellement le désordre. On doute donc qu'entre complexité et désordre les affinités soient très fortes ! La distinction que l'on est porté à établir entre un système complexe et un système désordonné, c'est que, dans le premier cas, on observe des propriétés fonctionnelles : le système fait quelque chose ! On peut donc dire qu'un système complexe, c'est un système *apparemment* désordonné, mais derrière lequel on postule qu'il y a un ordre caché, un ordre dont on ne connaît pas le code en quelque sorte. Cela permet de réduire le mystère — ou le faux paradoxe — qui consiste à prétendre que le désordre peut contribuer à la complexité, puisque finalement ces deux notions ont des liens extrêmement profonds.

*Pourtant, selon vous, la complexification serait le résultat d'une collaboration négative entre le système et son environnement. Comment expliqueriez-vous le paradoxe que le milieu agit positivement grâce à ses perturbations, alors qu'il exerce justement son pouvoir destructeur ?*

— Votre question se réfère à une théorie particulière de la complexité et de l'auto-organisation, celle d'Henri Atlan, qui s'est intéressé à ce phénomène apparemment paradoxal que la vie est capable de produire des formes de plus en plus complexes. Il a en effet essayé de résoudre ce paradoxe en faisant appel aux effets du hasard et du « bruit ». Le modèle cybernétique, appliqué à la biologie, ne permet pas de comprendre que la « machine vivante » soit capable de s'auto-complexifier. Car, pour la cybernétique, l'environnement *commande* la machine en lui injectant des instructions, donc des « formes déjà là », qu'elle n'a plus qu'à exécuter, comme un programme d'ordinateur. On ne voit pas comment l'organisme, si c'était une telle machine, pourrait faire mieux, c'est-à-dire plus complexe, que les instructions qu'on lui a données. Mais par ailleurs, on peut montrer qu'une autonomie pure, qu'une machine totalement autonome, cela n'a pas de sens, parce qu'on bute sur des contradictions logiques. On a donc à faire face, ici, à une double difficulté : d'un côté, le schéma cybernétique ne permet pas de comprendre la complexification et, de l'autre, l'autonomie pure est un non-sens. La seule manière de s'en sortir, c'est du moins ce qu'Henri Atlan a démontré dans le cadre d'un formalisme particulier, c'est de faire appel au « bruit » et à sa contribution paradoxalement positive, puisque normalement le « bruit » détruit. Il se trouve que, dans certaines circonstances très particulières, et lorsqu'on a affaire justement à des systèmes auto-organisés, ce même « bruit » construit en même temps qu'il détruit.

*Comment la capacité d'un système auto-organisateur d'engendrer du nouveau en assimilant le « bruit » qui l'« agresse » pourrait-elle alors réconcilier l'opposition entre « déterminisme causal » et « autonomie créatrice » ?*

— Toutes les théories de la complexité dont j'ai parlé sont déterministes ; je crois qu'il faut bien insister là-dessus pour éviter les malentendus. Car on attend souvent de la recherche scientifique cette réconciliation entre la science et la philosophie, on attend de la science un substitut de sagesse personnelle. On aimerait bien que ces théories sonnent le glas du déterminisme, mais c'est totalement faux ! Ces théories sont déterministes et mécanistes, même si ce n'est pas dans le sens le plus traditionnel du terme. Mais ce qu'elles montrent, c'est qu'il n'y a pas d'opposition nécessaire entre déterminisme et auto-organisation. On sait aujourd'hui que des systèmes déterministes, mécanistes, sont capables de produire du nouveau.

*Justement, comment opère la dialectique entre les parties et la complexité émergente, qui est tout autre chose qu'une finalité imposée de l'extérieur ?*

— Votre question porte sur la différence qui existe entre les systèmes compliqués que seraient les systèmes artificiels créés par l'homme, où la finalité est imposée à la machine de l'extérieur, et les systèmes complexes, organisés, que la nature et la vie nous présentent. Nous ne pouvons pas utiliser ici le même schéma de raisonnement car ces systèmes, nous ne les avons pas créés, et nous sommes bien incapables de dire quelle finalité ils poursuivent. D'ailleurs, vous savez comme moi qu'il y a belle lurette que la science essaie de bouter hors de son royaume la catégorie des finalités ! Eh bien, les théories de la complexité et de l'auto-organisation nous fournissent, d'une certaine façon, un substitut à cette catégorie de finalité, car l'auto-organisation, c'est aussi l'auto-finalité, c'est-à-dire la finalité émergente, celle qui n'est pas toujours-déjà là, celle que l'on ne peut reconnaître que lorsqu'elle a déjà été atteinte, *a posteriori*. Il s'agit donc d'un tout autre schéma de pensée.

*Et si la complexité n'était qu'une invention humaine, ne reflétant pas la complexité de la nature, mais celle de notre propre esprit ?*

— Je suis d'accord avec cette proposition que, d'une certaine façon, je n'ai fait que commenter puisque, dès le départ, je vous disais que pour moi l'apparition de la complexité sur la scène scientifique correspondait, en fait, à un changement du statut de la modélisation : ce sont les modèles construits par les savants qui deviennent complexes. Alors, bien sûr, à partir de là, on peut entamer une discussion infinie : est-ce que la nécessité — reconnue aujourd'hui — de bâtir des modèles complexes traduit une propriété de la nature, une propriété de notre cerveau, ou tout simplement une propriété de la relation entre notre cerveau et la nature ? Je ne m'engagerai pas dans cette discussion...

*Mais si les activités les plus essentielles des êtres autonomes : vivre, penser, créer, s'accomplissent sans qu'ils en aient entièrement le contrôle, en quoi consiste leur autonomie ?*

— Cela me fait penser à cette citation de Merleau-Ponty : « Je ne suis pas plus maître de mes pensées que des battements de mon cœur », ou à celle-ci, d'Ortega y Gasset : « Je suis une part de tout ce que j'ai rencontré. » Ces propositions signifient que finalement l'autonomie n'est pas la maîtrise, contrairement à ce que toute une tradition occidentale a pensé. L'autonomie, telle que la donnent à penser les théories de la complexité et de l'auto-organisation, c'est une autonomie en synergie avec ce qui peut toujours la détruire, et que l'on nomme traditionnellement l'hétéronomie. C'est toujours une autonomie risquée, déchirée, à distance d'elle-même. L'être autonome, c'est un être divisé, qui se met en quelque sorte à l'extérieur de lui-même. Cela, certains philosophes l'ont dit depuis longtemps. Or, ce qu'il est intéressant de constater, c'est que cette même idée fait irruption aujourd'hui dans des théories scientifiques. L'autonomie n'est pas la maîtrise !

# 6

## Bernard d'Espagnat * : apôtre de la réalité « voilée »

*Dans quelle mesure les apports de la physique contemporaine nous permettent-ils de saisir la « réalité en soi » ? Pour répondre à cette interrogation fondamentale, Bernard d'Espagnat analyse avec rigueur les contributions respectives de nombreuses théories scientifiques et de diverses approches philosophiques. Il soulève ainsi un problème essentiel : l'idée qu'un univers soit composé d'objets séparés spatialement, ayant une existence indépendante de l'homme qui les observe, n'est plus valable face aux récentes découvertes scientifiques. Car celles-ci impliquent une autre hypothèse : « Si une réalité extérieure à l'homme, mais accessible à sa compréhension, possède un "sens", elle est forcément "non séparable". » Autrement dit, non seulement les particules, ces systèmes quantiques, n'existent que pour le dispositif expérimental du physicien qui les mesure, mais elles ne se comportent même pas comme de véritables « objets » ; elles interagissent les unes avec les autres, à distance et simultanément, sans qu'il soit possible de distinguer un avant et un après.*

* Physicien, directeur du laboratoire « Physique théorique et particules élémentaires » à l'université de Paris-XI-Orsay.

*« Les atomes concourent à créer mon regard », dit Bernard d'Espagnat, « mais celui-ci concourt aussi à créer les atomes, c'est-à-dire à faire émerger les particules hors d'un potentiel dans l'actuel, hors d'une réalité, qui est un tout indivisible, dans une réalité étendue dans l'espace/temps. » La mécanique quantique introduit donc une non-séparabilité de fait entre l'observateur et la chose observée, qui ne permet pas de concevoir une réalité intrinsèque. Cela prouve, au grand dam du réalisme mathématique d'Einstein, que Dieu joue, de fait, aux dès. Faut-il, pour autant, suivre Niels Bohr en rejetant toute notion d'une « réalité en soi » ? Bernard d'Espagnat refuse de renoncer à celle-ci ; et puisque l'expérience d'Aspect (expérience concernant le paradoxe d'Einstein-Podolsky-Rosen), parmi tant d'autres, prouve la non-séparabilité de la matière, il accepte que ce « réel fort » soit physiquement insaisissable, c'est-à-dire* voilé.

*Notre physicien, sans doute l'un des plus éminents théoriciens de la mécanique quantique, cherche ainsi à démontrer que la physique fondamentale nous oblige à abandonner le matérialisme d'autrefois ; si l'on tient néanmoins à demeurer réaliste, il faut admettre qu'il existe une réalité phénoménale, à laquelle la science nous donne accès. Or, quelles que soient les incertitudes introduites par la mécanique quantique quant à notre connaissance du réel, il est indéniable que les « objets » avec lesquels nous vivons existent bel et bien, mais puisque aucune science ne peut prétendre décrire « les choses en soi », uniquement leur apparence, Bernard d'Espagnat développe une audacieuse intuition selon laquelle, au-delà des phénomènes, existe une « réalité ultime », « voilée », devant laquelle la science reste muette, car elle ne peut en saisir opérationnellement que les reflets.*

*Autrement dit, la réalité empirique, manifeste, celle des « particules », des « champs », ou des « choses », ne serait, comme la conscience, qu'un des reflets du réel.*

*Aujourd'hui, c'est donc la science elle-même qui fournit les raisons d'accepter la dualité philosophique de l'être et du phénomène.*

## Bibliographie

*A la recherche du réel,* Gauthier-Villars, Paris, 1980.

*Un atome de sagesse,* Le Seuil, Paris, 1982.

*Une incertaine réalité,* Gauthier-Villars, Paris, 1985.

*Penser la science,* Dunod, Paris, 1990.

*Selon Karl Popper, les « théories scientifiques ne sont que des inventions humaines et doivent être perpétuellement sujettes à révision ». Peut-on alors acculer la nature à « confirmer » la théorie par laquelle on l'interroge, sachant que celle-ci sera aussi réfutée* ?*

— Pour Popper, en effet, il est impossible de vérifier de façon certaine une théorie. Par contre, on peut très bien la réfuter : il suffit d'une expérience dont les résultats soient contraires à ce que cette théorie prédit. Il souligne donc que la bonne théorie scientifique consiste à élaborer des théories susceptibles d'être testées et éventuellement réfutées : celles qui survivent sont, temporairement du moins, corroborées et peuvent servir dans l'action.

*Ilya Prigogine suggère même que la nature « répondrait » en fonction des questions qu'on lui pose...*

— Il y a du vrai dans ce que vous dites, mais il ne faut pas exagérer. Récemment, certains épistémologues à la mode ont poussé cette hypothèse trop loin, au point que Popper s'est insurgé contre cet excès en l'appelant « socio-

* Entretien (de 1988), concernant *Une incertaine réalité, op. cit.*.

logisme ». Il compare ces épistémologues à des psychanalystes qui assisteraient à un congrès scientifique et jugeraient les discours non pas sur la base d'une vérité objective, mais uniquement selon leur affectivité.

*Vous faites probablement allusion à Paul Feyerabend ; mais même Adorno affirmait déjà que les découvertes scientifiques étaient contaminées par la culture ambiante, et qu'il n'y a pas de science objective. Vous parlez vous-même d'« intersubjectivité »...*

— Dans mon livre, j'explique justement que je m'oppose aux théories de Kuhn, Adorno et Feyerabend, car mon expérience de physicien m'a bien montré que la science ne fonctionne pas ainsi ; elle est beaucoup plus « objective » que ces épistémologues le prétendent. Selon moi, il existe donc une véritable objectivité, mais qui est faible. C'est ce que j'appelle précisément l'« intersubjectivité ». Nos expériences ne nous révèlent pas la « réalité en soi », mais seulement des phénomènes, c'est-à-dire l'ensemble des apparences valables pour tous ; j'insiste sur le « pour tous », qui est un point essentiel, car lorsqu'une expérience montre que la vie moyenne de telle particule est de telle durée, tous ceux qui referont cette même expérience aboutiront au même résultat.

*Pourtant, face à face, deux conceptions s'opposent : selon Albert Einstein, « le réel existe et il est impossible de réduire la matière à sa mesure », alors que, pour Niels Bohr, « nous ne saisissons qu'une interaction appareil-phénomène ; tout jugement d'existence est abusif ». Où situez-vous alors votre propre « réel voilé » ?*

— Einstein espérait en effet montrer la réalité telle qu'elle est, c'est-à-dire qu'il cherchait à construire une ontologie. Il avait donc démontré que certains concepts qui paraissent évidents, comme le « temps universel » ou l'« espace euclidien », ne sont pas valables pour décrire cette réalité-là ; mais il espérait, grâce à la physique mathématique, parvenir à la « découper » selon ses « bonnes jointures ». Bohr, au contraire, disait qu'il fallait renoncer à cette ambition chimérique, le but de la science étant de décrire seulement les phénomènes. Pour reprendre Paul

Valéry, « la science est l'ensemble des recettes qui réussissent toujours ». Ma propre position se situe entre les deux : comme Einstein, je pense que, dans la mesure où la nature « résiste » à nos expériences, il doit y avoir « quelque chose » qui existe en dehors de nous, et à force d'efforts, nous arriverons un jour à obtenir quelques lueurs sur cette « réalité voilée ». Mais, d'un autre côté, la physique actuelle est très difficilement interprétable à la manière d'Einstein : pour l'instant, elle se rapproche plutôt du schéma de Bohr.

*L'hypothèse de la mécanique quantique, selon laquelle la réalité ne serait qu'une interaction entre l'observateur et l'objet observé, est pourtant très troublante...*

— Plus pour l'homme de la rue que pour certains philosophes s'inscrivant dans la lignée de Kant. Pour ceux-ci, c'est nous, les hommes, qui introduisons la causalité dans la nature.

*Par la relativité, Einstein a réussi à spatialiser le temps, qui est devenu la quatrième dimension, alors que, par ses « structures dissipatives », Ilya Prigogine cherche, au contraire, à temporaliser l'espace, introduisant l'histoire même en physique...*

— Einstein prétend, en effet, avoir trouvé dans l'espace/temps le cadre de la réalité indépendante, alors que Prigogine revendique sa filiation avec Bohr et Heisenberg, passant d'une physique de l'« être » à une physique du « devenir », s'intéressant surtout à la réalité empirique et non plus, comme Einstein, à la réalité indépendante. Cela le conduit, effectivement, à inventer une nouvelle manière d'introduire l'irréversibilité en physique. Comme Prigogine le dit lui-même, il y a une certaine parenté entre ce temps irréversible et la « durée » bergsonienne. La controverse Einstein-Bergson qui avait laissé, au cours des années vingt, l'impression que le physicien avait gagné, laisse voir maintenant que c'est le philosophe qui avait plutôt raison.

*Pourquoi accordez-vous alors si peu d'importance aux analyses de l'école spiritualiste*[1] *de la nouvelle physique ?*

— Elles se vendent, en effet, très bien. Je fais évidemment allusion aux analyses de certains participants du colloque de Cordoue[2], mais pas à toutes. Costa de Beauregard est un excellent physicien, même si je ne suis pas toujours d'accord avec lui.

*A propos de son « zigzag à travers le temps*[3] *» ?*

— Je pense qu'il y renonce finalement, mais il y a des gens qui mettent de « l'esprit » partout, qui vous expliquent que l'électron n'est qu'un trou noir qui le renferme. Ce sont des erreurs qui ne mènent à rien. J'ai même des réticences par rapport à Brian Josephson ; certes, il est Prix Nobel, mais dans un domaine très spécialisé qui ne le qualifie nullement pour émettre des hypothèses générales. Pour moi, l'esprit et la réalité empirique — la matière, si vous voulez — jaillissent ensemble, à partir de la réalité indépendante. C'est une idée que je viens de retrouver chez un grand mathématicien : Hermann Weyl. Je mets donc l'esprit et la matière sur le même pied. C'est en cela que je me distinguerais des spiritualistes sérieux, comme Costa de Beauregard, pour lesquels c'est l'esprit qui est la source de la matière.

*Que pensez-vous de l'action à distance inhérente à la non-séparabilité*[4] *de la matière ?*

— Cela apparaît en effet dans la mécanique quantique, et l'on a pu démontrer récemment qu'il ne s'agissait pas d'un défaut formel d'équation, mais que cela correspondait réellement à une caractéristique de la matière. Cependant, cette hypothèse n'est acceptable que si la notion de

1. L'école spiritualiste regroupe ceux des physiciens qui posent le principe de la prééminence de l'esprit sur la matière.

2. Cf., *supra*, chap. 2, entretien 2, note 1.

3. Selon Costa de Beauregard, quand, dans une région de l'espace/temps, il y a création d'une paire « électron-positron », le formalisme mathématique permet d'interpréter la trajectoire du positron comme celle d'un électron qui serait orienté vers les temps décroissants. Cela ne signifie pas que celui-ci remonterait le cours du temps.

4. Théorie en mécanique quantique selon laquelle toutes les particules sont liées entre elles, quelle que soit la distance qui les sépare.

réalité indépendante intervient : on voit alors que tout agit sur tout ; même des particules qui se situent à de très grandes distances continuent d'interagir, et l'on ne peut plus alors les considérer comme séparées.

*Pourrait-on ainsi expliquer certains phénomènes de la parapsychologie ?*

— Il faut d'abord constater qu'*on ne peut pas*, au moyen de ces phénomènes, transmettre de manière instantanée un ordre à distance. Par conséquent, les gens qui veulent être purement opérationnels ne peuvent pas se servir de la non-séparabilité.

*Mais ne peut-on ressentir, passivement, ce que pense une autre personne, à l'instar de deux atomes qui réagissent de la même manière, même après avoir été séparés ?*

— J'y mettrais un grand point d'interrogation ; nous sommes tellement ignorants en ce qui concerne la conscience !

7

## Fritjof Capra* : le zen physicien

*« Dans l'histoire de la pensée humaine, les développements les plus féconds naissent à l'intersection de deux courants d'idées. » Cette maxime de Werner Heisenberg semble être parfaitement illustrée par l'étude comparée entre l'unicité de la matière en physique contemporaine et la vision unitaire des philosophies orientales, menée par le physicien avant-gardiste Fritjof Capra.*

*Selon la physique actuelle, l'univers n'est pas un système mécaniste composé d'une multitude de particules indépendantes, mais un ensemble dynamique d'événements interconnectés, dont seules les interactions déterminent la structure de la réalité. Cet univers de processus et d'énergie évoque certaines notions des traditions spirituelles, tout particulièrement celles du bouddhisme, qui permettent une compréhension plus immédiate des nouveaux concepts de l'espace-temps-matière. Fritjof Capra compare ainsi le flux incessant de la matière à la danse cosmique de Shiva, pour qui tous les éléments du monde — création et destruction permanente de matière — sont* maya *: non pas fondamentaux, mais illusoires et changeants.*

* Physicien, université de Berkeley (Californie).

## Bibliographie

*Le Tao de la physique,* Tchou, Paris, 1979.

*Le Temps du changement - Science, société, nouvelle culture,* Éditions du Rocher, 1983.

*Pourquoi l'Occident concevait-il une philosophie dualiste, tandis que l'Orient fondait une spiritualité moniste * ?*

— On peut, aujourd'hui, imaginer l'évolution de la conscience, son « comment », mais toutefois pas son « pourquoi ». Cette évolution de l'esprit humain, qui a dû avoir lieu quelques milliers d'années avant notre ère, se situe simultanément en Occident et en Orient. Pour des raisons mystérieuses, nous nous sommes identifiés, en Occident, avec l'esprit rationnel, qui analyse et sépare, qui est l'expression de l'ego étroit, opposé à la pensée intuitive et synthétique, tandis qu'en Orient ils ont cherché à le transcender. De grands mystiques ont existé à l'Ouest comme à l'Est. Mais c'est en Orient que ce courant a trouvé un terrain plus propice.

*Serait-il alors juste de croire, avec le célèbre savant japonais Yukawa, qu'il pourrait exister une corrélation entre l'importante contribution du Japon à la physique moderne et la philosophie zen-bouddhiste ?*

— Les physiciens orientaux auprès desquels j'ai souli-

---

* Entretien de 1983, concernant *Le Tao de la physique, op. cit.*

gné ce parallélisme m'ont avoué ne pas y avoir pensé eux-mêmes car ils se trouvaient conditionnés par la science et la culture occidentales au point qu'ils ne pouvaient plus instaurer une corrélation entre ces deux visions du monde. C'est seulement à leur maturité qu'ils purent établir — tel Yukawa — ce lien. Il est fort probable, néanmoins, qu'ils ont pu garder, dans leur subconscient collectif, l'empreinte de la philosophie orientale qui leur permettait ainsi de mieux saisir les nouveaux concepts de la physique atomique.

*Les principes d'unité et d'interdépendance des phénomènes seraient-ils propres à la spiritualité orientale aussi bien qu'à la microphysique ?*

— Autrefois, selon la théorie newtonienne, l'espace tridimensionnel de l'univers était le théâtre de phénomènes physiques composés de particules élémentaires interagissant et se séparant indépendamment les unes des autres. Cependant, l'une des découvertes majeures de la physique contemporaine fut de se rendre compte qu'il n'existait pas d'entités physiques indépendantes, que la réalité était un ensemble de corrélations, un tissu d'événements interconnectés, une interface entre l'observateur et l'observé. C'est l'un de ces types spécifiques de corrélation que nous appelons « particule » ; celle-ci n'est plus un grain de sable ou une boule de billard, mais un transfert permanent d'énergie et d'information.

*De quelle manière cette nouvelle conception de la matière peut-elle évoquer certaines notions de la philosophie orientale ?*

— Je crois pouvoir l'illustrer par un conte taoïste du sage Chuang Tzu. Un jour, promit-il à ses disciples, il leur ferait connaître le secret ultime de l'univers. Et ce jour-là, il leur dit : « Il n'y a pas de "choses", voilà la nature fondamentale de la réalité. » Telle est la base philosophique du taoïsme, du bouddhisme et d'autres traditions mystiques. La différence majeure qui existe entre l'attitude scientifique et la tradition mystique réside dans le fait qu'en tant que scientifique, je dirais qu'un objet est une notion approximative très utile dans la vie quotidienne, mais que, fondamentalement, l'objet n'existe pas, qu'il est uniquement une « idéalisation », tandis que le mystique oriental dirait que c'est une « illusion » ; pour lui, tous les phénomènes sont interdépendants, manifestation d'une seule et même réalité fondamentale.

*Croyez-vous que cette réalité ultime puisse être une énergie ?*

— J'en doute ; d'ailleurs, la réalité ultime ne peut être exprimée par des mots : elle transcende nos conceptions intellectuelles et, d'après les mystiques, elle peut être vécue, mais pas racontée, alors que la science, essayant de décrire ses expériences, ne peut qu'avoir recours au domaine rationnel qui, en lui-même, est restreint et approximatif.

*La tradition mystique ne chercherait-elle pas à transmettre son message ?*

— La différence essentielle entre un scientifique et un maître mystique consiste dans le fait que ce dernier n'est pas particulièrement intéressé à expliquer les phénomènes : il cherche plutôt à faire éprouver par son disciple la réalité fondamentale en mettant l'accent sur l'initiation à l'expérience, tandis que le scientifique cherche avant tout à l'analyser et à la décrire.

*De quelle façon la théorie quantique serait-elle apte à révéler, à l'instar des philosophies orientales, l'unité fondamentale de l'univers ?*

— Nous constatons que cette unité et cette interdépendance parcourent la physique moderne, quels que soient la théorie ou le modèle utilisés, y compris la théorie quantique ou la relativité. Einstein avait construit cette dernière en concevant l'action des champs en termes de modification des structures de l'espace et du temps et il pensa pouvoir modifier davantage ces structures afin d'y inclure les autres interactions, mais il échoua. Depuis lors, d'autres savants ont réussi à associer la théorie de la relativité avec celle de la mécanique quantique afin d'aboutir à la théorie quantique des champs. Cette nouvelle conception évoque des images de la tradition orientale, le champ quantique pouvant se condenser en matière, et une particule faisant partie de ce champ particulièrement dense évoquerait une « vague émergeant de l'océan », métaphore classique de la tradition orientale.

*Héraclite pensait déjà que tous les changements dans l'univers provenaient de l'interaction des contraires, dont il souligna pourtant la complémentarité. Pourquoi la pensée occidentale a-t-elle mis 2 500 ans pour redécouvrir cette vérité ?*

— L'esprit rationnel tend à voir la réalité de façon statique, incapable de réconcilier les « contraires », tandis que la pensée dynamique semble plus apte à les unifier. Les philosophies qui avantagent la réalité dynamique, comme celles d'Héraclite ou du Tao, soulignent ainsi l'unité des contraires : le yin et le yang ne font qu'un. En Occident, certains philosophes, comme Hegel par sa dialectique thèse - antithèse - synthèse, ont partagé cette vision du monde. Cette optique dynamique resurgit aujourd'hui dans les sciences, tout particulièrement en physique. Niels Bohr avait déjà unifié l'onde et la particule dans sa « loi de complémentarité ». Et actuellement la nouvelle théorie des « structures dissipatives », introduite par Ilya Prigogine[1], ainsi que la théorie des systèmes soulignent que la compréhension de la vie, à tous ses niveaux, procède par cette unification des contraires.

*Pourtant, deux conceptions contraires subsistent, celle d'Albert Einstein : « Le réel existe », et celle de Niels Bohr : « Tout jugement d'existence est abusif. » A qui les faits donneront-ils raison ?*

— Ce fut en effet un débat historique qui a eu lieu entre Niels Bohr et Albert Einstein. Ce dernier croyait à l'existence objective de la réalité ; c'était d'ailleurs cette croyance qui l'avait empêché d'assumer les ultimes conséquences de la mécanique quantique dont il était pourtant l'un des fondateurs. S'il fut incapable d'accepter les interprétations « avant-gardistes » d'Heisenberg et de Bohr, la cause essentielle de ce refus provenait de son caractère fondamentalement déterministe, car il avait fondé sa vision — une

1. In *La Nouvelle Alliance, op. cit.*

réalité objective composée de petites particules séparées — sur celle de Descartes.

*Diriez-vous qu'Einstein fut un prophète qui n'a pas su assumer ses propres prophéties ?*

— D'une certaine façon. Je suis d'ailleurs fasciné de voir que Descartes est plus fondamental que Newton, et c'est la raison pour laquelle Einstein a pu dépasser celui-ci sans pouvoir pour autant dépasser le premier. Le seul qui en fut capable était Niels Bohr, le plus proche d'un mystique qu'un scientifique puisse l'être.

*Serait-ce la philosophie chinoise qui l'a inspiré ?*

— Il a même adopté pour son blason le symbole du yin et du yang, tant il était impressionné par le principe de complémentarité chinois.

*L'aurait-il aussi été par la complémentarité entre la « stabilité » et le « changement » ?*

— En effet, car vous pouvez avoir une « stabilité dynamique » qui impliquerait des « fluctuations ». C'est d'ailleurs une telle stabilité qui fut évoquée par Héraclite et les taoïstes dans leur vision d'un monde en perpétuel mouvement, un processus de changement ayant néanmoins une certaine stabilité. C'est une cosmologie de l'autorégulation, de l'auto-organisation, analogue à la stabilité conçue par Prigogine dans sa conception de l'« ordre par fluctuations ».

*Justement, ces récentes découvertes ne pourraient-elles pas rétablir le fondement que la révolution scientifique du début du siècle avait tant ébranlé ?*

— Nous assistons, en effet, à l'émergence de nouvelles théories, qu'il s'agisse des « structures dissipatives » d'Ilya Prigogine, de l'« auto-organisation » de von Foerster ou du « hasard organisateur » d'Henri Atlan. Ce sont les éléments complémentaires d'un puzzle complexe qui est progressivement en train de constituer ce nouveau fondement recherché par Einstein. Il s'agit d'une vision holistique, systémique et dynamique qui s'applique à une gamme étendue de phénomènes et de champs scientifiques. Ce n'est d'ailleurs pas seulement en physique que nous obervons actuellement ce que nous pouvons appeler une révolution dramatique de la pensée scientifique.

*Pourquoi considérez-vous cette révolution comme « dramatique » ?*

— Elle l'est intellectuellement car, lorsque Niels Bohr et Werner Heisenberg, durant les années vingt, ont dû radicalement modifier leurs idées et leurs concepts, ils se sont trouvés dans un état de crise profonde — intellectuelle, existentielle et même émotionnelle. Je crois que nous vivons une crise analogue aujourd'hui.

*De ce fait, assisterions-nous à l'émergence d'un nouveau paradigme ?*

— Je le crois, et je l'appellerai le « paradigme écologique », car l'écologie insiste sur l'interdépendance fondamentale de tous les phénomènes et sur la nature intrinsèquement dynamique de l'univers.

*Pourrait-on supposer que le récent colloque « Désordre/ Ordre[2] », réunissant d'éminents savants, marquerait une « bifurcation » dans la recherche scientifique ?*

— J'aime beaucoup cette question puisque mon dernier livre, *The Turning Point*[3], traite précisément de cette « bifurcation » importante qui a lieu actuellement dans le domaine scientifique, signalant le passage de la vision universaliste et mécaniste de Descartes et de Newton à la vision holistique et dynamique de Prigogine.

*Ainsi, vous semblez être attiré par la conception dynamique du bouddhisme, qui soutient qu'il ne faut pas s'attacher à des formes fixes, objets, personnes, idées, mais accepter un monde mouvant et changeant...*

— C'est la raison principale de mon attirance pour les

2. « Disorder and Order », colloque tenu en septembre 1981 à l'université Stanford (Californie) et ayant notamment réuni : Henri Atlan, Cornélius Castoriadis, René Girard, Edgar Marin, Ilya Prigogine, Francisco Varela, Heinz von Foerster, Terry Winograd, etc.

3. Trad. française : *Le Temps du changement, op. cit.*.

philosophies orientales et tout particulièrement pour le bouddhisme, car j'ai toujours considéré l'aspect mouvant de l'univers comme l'essentiel. Même leur terminologie dégage des connotations dynamiques : le terme *physis* par exemple, d'où dérive « physique », signifiait à l'époque présocratique, quand la philosophie, la religion et la science n'étaient pas encore séparées, la « réalité fondamentale ». Cette même racine, dans les langues indo-européennes, est devenue *braham* qui, en sanscrit, signifie aussi la « réalité fondamentale ». Une même racine donna donc naissance à la « science » en Occident et au « mysticisme » en Orient.

8

## Hubert Reeves* : conteur d'étoiles

*« Pourquoi y a-t-il quelque chose plutôt que rien ? » Cette interrogation, aussi vieille que l'Antiquité, fut celle de philosophes comme Leibniz. Elle est reprise aujourd'hui par les astrophysiciens, qui cherchent à percer le mystère de l'émergence de l'univers, il y a quinze milliards d'années. Ne pouvant pas encore atteindre le « moment zéro » du Big Bang initial, ils savent néanmoins remonter jusqu'à quelques microsecondes après l'explosion, lorsque la matière et l'antimatière s'annihilaient encore en lumière, dans un univers très chaud, très dense et en expansion infinie. Né dans un grand dénuement, le cosmos a pourtant engendré les particules élémentaires, les atomes, les molécules, poussant cette évolution jusqu'à la création de l'être humain. Cette étonnante capacité de la matière à s'organiser, à se complexifier, à vivre, n'aurait-elle pas connu le même essor fulgurant dans d'autres galaxies ? N'y aurait-il pas, de ce fait, d'autres êtres doués d'intelligence dans l'univers ?*

*Hubert Reeves, astrophysicien québécois formé aux États-Unis, semble plutôt optimiste à ce sujet, dans son*

* Astrophysicien, directeur de recherches au CNRS et au Centre d'études nucléaires de Saclay.

*best-seller* Patience dans l'azur, *lorsqu'il évoque les vers de Paul Valéry :*

> *« Patience, patience,*
> *Patience dans l'azur,*
> *Chaque atome de silence*
> *Est la chance d'un fruit mûr ! »*

## Bibliographie

*Patience dans l'azur. L'évolution cosmique*, Le Seuil, Paris, 1981.

*Poussières d'étoiles*, Le Seuil, Paris, 1984.

*L'Heure de s'enivrer*, Le Seuil, Paris, 1986.

*Aux confins de l'univers. Faut-il croire au Big Bang ?*, Fayard/Fondation Diderot, Paris, 1987.

*Malicorne*, Le Seuil, Paris, 1990.

*Pourquoi y a-t-il un univers plutôt que rien *?*
— C'est une question essentielle à laquelle nous ne savons absolument pas répondre ! En fait, c'est Leibniz qui l'a formulée le premier : si l'on ne la formule pas avant de faire de la cosmologie, on risque de se heurter à de graves confusions face aux différentes théories décrivant le début de l'univers. Nombreux sont ceux qui ont eu, à l'égard de la théorie de l'évolution de l'univers, une réaction de malaise philosophique, préférant une cosmologie qui postulerait plutôt un univers éternel. Le problème philosophique ne consiste pourtant pas à savoir si l'univers a eu un « début » ou pas, mais pourquoi « il y aurait quelque chose plutôt que rien ». Lorsque cette séparation entre la métaphysique et la physique — c'est-à-dire entre l'existence ontologique de l'univers et les divers mécanismes possibles de son émergence — est faite, on peut alors considérer n'importe quel modèle de l'univers, puisqu'on est, dès lors, dans le domaine du « comment » et non plus dans celui du « pourquoi ». A partir de ce moment-là, on peut commencer à faire de la science.

* Entretien de 1983, concernant *Patience dans l'azur, op. cit.*

*Puisque tous les phénomènes advenus durant des millions d'années peuvent être déchiffrés dans la voûte céleste — plus on voit loin et plus on plonge dans le passé —, peut-on considérer celle-ci comme la plus vaste et la plus vieille archive du monde ?*

— C'est effectivement une façon imagée de décrire la réalité, puisque les objets qui existent dans l'univers sont évidemment le résultat de processus qui ont eu lieu auparavant. L'astrophysicien, comme l'archéologue, essaie de reconstituer le passé de l'univers, en cherchant à savoir comment celui-ci a émergé, comment les étoiles vivent et meurent, comment le système solaire s'est formé, etc. Sa démarche consiste à identifier tous ces éléments et à essayer de retrouver, grâce à leurs caractéristiques présentes, les traces de leur origine. Or l'astrophysicien a un avantage sur l'archéologue, qui doit reconstituer le passé mentalement lorsqu'il ne subsiste plus de vestiges : il peut, grâce au déplacement lent de la lumière, scruter directement le passé, observer l'objet tel qu'il a réellement été autrefois, car ses archives sont toujours présentes.

*Le passé ne se « gomme » donc pas pour un astrophysicien ?*

— Pourvu que l'on regarde suffisamment loin, on peut voir suffisamment tôt et l'on peut ainsi reconstituer, par étapes, tout le passé de l'univers. Par exemple, le « rayonnement fossile » — la meilleure preuve de l'explosion initiale — a été évidemment transformé par le passage du temps, mais ses caractéristiques restent les mêmes aujourd'hui qu'au début de l'univers, il y a quinze milliards d'années.

*Dans cette odyssée de l'espace qu'est l'évolution cosmique, les étoiles naissent et meurent comme nous. Pourquoi les philosophes grecs avaient-ils alors conçu un univers immobile ?*

— Les étoiles vivent très longtemps, et l'idée même qu'elles puissent naître, vivre et mourir a mis beaucoup de temps à émerger. Pour l'être humain observant le ciel, il y a peu de chance d'apercevoir du changement. Bien au contraire, les étoiles ont joué un rôle très important dans l'évolution de la pensée humaine, puisqu'elles furent les premiers objets d'observation ayant un comportement régulier et réglé, les mêmes étoiles repassant aux mêmes moments de l'année et aux mêmes heures de la nuit et les constellations ne changeant point. C'est ainsi que naquit d'ailleurs l'idée de l'existence des lois universelles de l'univers. Il était donc naturel d'en conclure que la voûte céleste était un domaine immobile, éternel et sans aucun changement.

*Cela explique-t-il que l'Occident n'ait pas reconnu les « taches solaires », alors que les Chinois les avaient déjà découvertes deux mille ans auparavant ?*

— En effet, c'est un phénomène assez extraordinaire. Il a fallu attendre Galilée et son télescope pour que l'Occident puisse découvrir que le soleil a des taches, alors qu'elles sont visibles à l'œil nu. Les Chinois les avaient en effet déjà inventoriées depuis plus de deux mille ans. Cette expérience révèle l'influence que peut avoir une conception philosophique du monde sur la recherche scientifique. Pour l'Occident, le soleil était un « être parfait », et l'idée qu'il puisse avoir des taches était sans doute inconcevable. Cela permettrait d'inverser une proposition courante : « Je le verrai quand je le croirai. » Si notre conditionnement culturel ne nous prépare pas à comprendre certains phénomènes, nous avons tendance à éliminer les perceptions qui ne concordent pas avec notre vision du monde.

*Cela ne confirme-t-il pas l'idée d'Adorno que les idéologies ambiantes « contaminent » même la recherche scientifique ?*

— Je n'en ferais pas un absolu, car je crois que l'être humain n'est jamais complètement conditionné, même par son idéologie; mais il est certain qu'il a tendance à être influencé. Selon moi, il faut tenir compte de ce conditionnement qui peut néanmoins être dépassé dans certaines circonstances.

*Pourtant, l'étonnante théorie de l'expansion de l'univers semble être remise en question par certains : « On ne peut pas imaginer un commencement à partir de rien », dit Edgar Morin. Serait-ce une réticence par rapport à ses résonances bibliques ?*

— Vous posez ainsi toute la question de l'influence de l'idéologie sur l'acceptabilité des théories scientifiques. Il est certain que cela a joué à tous les niveaux : pendant longtemps, on s'est méfié des influences théologiques, et, en effet, la science n'aurait jamais pu progresser si elle ne s'était débarrassée d'un certain nombre d'arguments finalistes. Or, la théorie du Big Bang initial semble avoir des connotations religieuses ; on retrouve déjà chez Hésiode la notion de « chaos initial » et toutes les mythologies qui avaient véhiculé cette notion du « début de l'univers » étaient mises en cause. Il est vraisemblable que cette corrélation entre une pensée scientifique et une croyance biblique a pu susciter de la méfiance ; il faut néanmoins éviter qu'elle ne déforme l'objectivité scientifique, car il faut se défaire de tous les préjugés, qu'ils soient pro- ou antireligieux.

*Quel est donc l'impact scientifique de la théorie du Big Bang, reconfirmée récemment par la découverte du « rayonnement fossile » par les savants américains Penzias et Wilson ?*

— Pour l'astrophysicien moderne, c'est le meilleur scénario pour décrire le passé de l'univers. Il est dans une perspective semblable à celle du détective. Il n'a pas vu le « crime », c'est-à-dire l'« émergence de l'univers », mais il va essayer, à partir de recoupements liés à la cosmologie, de concevoir un scénario plausible. Or le rayonnement fossile, que l'on a détecté récemment, est précisément une façon de « voir » que l'univers a effectivement les caractéristiques prévues par le scénario de l'astrophysicien Gamove.

*Pourriez-vous nous décrire ce « rayonnement fossile » ?*

— C'est une lueur qui est répandue dans tout l'univers ; elle n'est pas visible à l'œil nu, mais décelable au radiotélescope. Elle a été émise un million d'années après la « naissance » de l'univers, ce qui confirme précisément le scénario du Big Bang qui postule un commencement dans lequel l'univers est déjà très chaud, très dense et illimité. Les astrophysiciens, à l'aide d'observations précises et de théories adéquates, remontent actuellement de plus en plus près de l'origine de l'univers.

*Ont-ils pu atteindre l'instant même du Big Bang crucial ?*

— Justement pas, parce que plus on s'en approche et plus la recherche devient difficile. Il est d'ailleurs peu probable qu'on y arrive un jour. L'astrophysicien ne possède de propositions crédibles que jusqu'à un certain « moment ». Pour ce qui précède, il n'a que des hypothèses qui se confirmeront ou s'infirmeront selon les recherches scientifiques en cours. Il atteint ainsi un univers de plus en plus chaud, dense et simple, puisqu'il n'y a plus d'étoiles, plus de galaxies, il n'y a même plus d'atomes. Il n'existe que des particules élémentaires : des électrons, des photons, des quarks... qui ne font que s'entrechoquer. A ce moment-là la température et la densité sont si élevées que l'astrophysicien ne peut plus décrire l'univers, puisqu'il s'agit là d'une matière dont il ne connaît plus les propriétés, des énergies très supérieures aux plus hautes énergies qu'on ait jamais pu reconstituer en laboratoire.

*Alors, si selon la loi de la gravitation de Newton, « la matière attire la matière », pourquoi l'univers serait-il en expansion, diluant sa concentration, au lieu d'être en contraction, en la densifiant ?*

— Si vous avez un univers très chaud, l'énergie de l'explosion fait que les galaxies s'éloignent malgré la gravitation. Alors, est-ce que les galaxies vont continuer à s'éloigner indéfiniment, ou est-ce que la gravitation va prendre le dessus en les ramenant ? Pour répondre à cette question, il faut évoquer la « vitesse d'échappement » : en termes de balistique, il s'agit de la vitesse nécessaire à un corps pour échapper à l'attraction d'une planète. Par exemple, une fusée a besoin d'une vitesse de 11 km par seconde, sinon elle va nécessairement finir par retomber sur terre. Si les galaxies ont suffisamment d'énergie pour arriver à échapper à leur propre gravité, l'expansion de l'univers va en effet continuer indéfiniment ; mais si elles n'ont pas assez d'énergie, il y aura une recontraction. Il faut alors connaître la force avec laquelle les galaxies s'attirent, c'est-à-dire la gravité de l'univers ; et celle-ci dépend de la quantité de matière qui s'y trouve. Or, la « densité critique » de l'univers étant aujourd'hui d'environ 10 atomes par mètre cube, si l'univers a une densité supérieure à celle-ci, il va forcément finir — dans quelques dizaines de milliards d'années — par se replier sur lui-même : mais si elle est inférieure, les galaxies vont continuer à s'éloigner indéfiniment. Il reste alors à savoir quelle est la « densité moyenne » de l'univers. C'est une question sur laquelle les astrophysiciens se sont penchés depuis longtemps et, aujourd'hui, on a nettement l'impression que cette densité est inférieure à la densité critique ; elle n'atteint probablement que 0,3 atome par mètre cube.

*Pourrait-on en déduire que l'univers va vers une expansion et un refroidissement infinis ?*

— En effet, le meilleur scénario est celui qui concorde avec l'hypothèse de la rareté de la matière et donc avec une expansion infinie de l'univers, malgré la force gravitationnelle.

*Comment s'explique le fascinant paradoxe des « trous noirs » — étoiles dont la densité évoque un grand pétrolier condensé en une tête d'épingle — que l'on ne peut pas apercevoir, mais qui provoquent néanmoins un rayonnement gamma qui se voit de très loin ?*

— Un trou noir, c'est un objet qui a un champ de gravité très puissant et qui agit un peu comme un maelström, un aspirateur géant qui happe tout ce qui passe dans son voisinage : étoiles, nuages interstellaires ou planètes, formant ainsi un tourbillon. Cette matière gazeuse et stellaire s'approche du centre du trou noir, et au fur et à mesure qu'elle s'accélère et se réchauffe, elle brille en émettant d'abord des ondes radio visibles, puis toute la gamme du rayonnement radio, X et gamma.

*L'astronome Kepler demandait : « Si les étoiles sont des soleils, pourquoi la somme de toutes leurs lumières ne dépasserait-elle pas celle du soleil ? » Autrement dit, pourquoi la nuit est-elle noire ?*

— Il se trouve que la réponse fait intervenir la théorie de l'expansion de l'univers. C'est comme si un robinet coulait et pourtant la baignoire n'est pas pleine ; les étoiles déversent continuellement de la lumière, et pourtant l'univers n'est pas plein de lumière. Pourquoi ? Plusieurs réponses sont possibles : la première serait que, les étoiles n'étant pas très vieilles, l'univers n'a pas encore eu le temps de se remplir de lumière ; mais cette explication implique un « début de l'univers », notion étrangère aux esprits de l'époque de Kepler qui croyaient à un univers éternel. Mais il y a aussi une deuxième réponse : supposons que la baignoire ait des parois coulissantes et qu'elle s'agrandisse continuellement ; il est évident qu'elle ne pourrait jamais être pleine. Pareillement, l'univers étant en expansion, l'espace entre les étoiles est toujours en train de s'agrandir ! Et voilà pourquoi l'univers est noir. Vous voyez bien la corrélation entre ces deux raisons : l'expansion de l'univers est due au fait qu'il n'est pas éternel.

*Si l'univers est en expansion permanente, le ciel ne sera donc jamais « lumineux », puisqu'il n'y aura pas assez de rayonnement stellaire pour l'éclairer ?*

— Supposons l'hypothèse contraire : l'univers va se replier sur lui-même, car il a une densité supérieure à la densité critique. A ce moment-là se produira la prévision de Kepler : les étoiles continuant à déverser de la lumière dans un univers « rétrécissant », le ciel va en effet devenir très brillant et chaud. On verra alors les planètes se volatiliser, le soleil se transformer en une géante rouge qui brûlera en un merveilleux feu d'artifice avant de s'éteindre. Toutes les structures de l'univers regagneront leur état primitif, et le ciel, selon l'image de Kepler, sera parfaitement lumineux.

*Mais puisque nous serons tous morts, il n'y aura plus personne pour s'en émerveiller...*

— En effet, ce sera la destruction totale.

*Quel est l'apport de la « relativité générale » d'Einstein, expliquant que la gravitation est l'effet d'une courbure géométrique spatio-temporelle ?*

— Nous venons de voir deux éventualités : un univers léger en expansion qui est « ouvert », et un univers lourd en contraction qui est « fermé ». La relativité générale d'Einstein nous permet de relier la dimension de l'univers à ces propriétés, grâce à ses qualités de courbure. Autrement dit, si l'univers est en expansion infinie, son volume est aussi infini, c'est-à-dire qu'aussi loin que vous alliez, vous trouverez toujours de nouvelles galaxies. Tandis que selon l'hypothèse contraire, de l'univers dense et fermé, le volume de l'univers n'est pas infini et le nombre des galaxies est fixe. Si vous partez alors droit devant vous, vous finirez par revenir au même point à cause de la courbure de l'espace, exactement comme sur la surface de la Terre.

*En dépit de votre conception optimiste d'un monde dynamique, inventif et en perpétuel devenir, l'entropie ne le condamne-t-elle pas à la longue à l'apocalypse, à une mort thermique, c'est-à-dire à un « anti-Big Bang » ?*

— Effectivement, nos sources d'énergie étant en train de s'épuiser, quel serait l'avenir envisageable à long terme ? M. Dyson, un physicien américain, décrit comment l'intervention de l'homme pourrait prolonger l'« habitabilité » de notre univers. Cet être humain, qui n'apparaît qu'après quinze milliards d'années d'existence de l'univers, est pour l'instant un être passif, se contentant d'observer, car il n'a aucune capacité d'intervention sur l'univers. Plus tard, il pourrait éventuellement devenir le gérant des sources énergétiques de l'univers, afin que la vie puisse s'y prolonger plus longtemps.

*Pourrions-nous ainsi faire face aux menaces de l'entropie ?*

— De toute façon, il y aura toujours accroissement de l'entropie ; mais on pourrait faire en sorte que les sources d'énergie s'épuisent plus lentement qu'elles ne le feraient si l'on n'intervenait point. On pourrait donc, par une gestion appropriée, regrouper des trous noirs — sources d'énergie — de façon qu'ils aient juste la taille nécessaire pour durer le plus longtemps possible. L'avenir de l'univers dépendrait ainsi de l'homme qui, ayant compris les lois de l'univers, pourrait enfin agir sur lui.

*Si la théorie des « structures dissipatives » d'Ilya Prigogine illustre la mystérieuse et frénétique tendance de la matière à s'organiser, à se complexifier, à vivre (« C'est le hasard qui arrache la vie à l'ordre inanimé de la nature »), pourquoi n'y aurait-il pas d'autres êtres vivants parmi les milliards d'étoiles qui peuplent notre galaxie ?*

— Sur le plan de l'observation directe, nous ne savons pas s'il y a d'autres espaces habités : on n'a jamais eu de contact ni par radio ni par visite, sauf si l'on est prêt à croire aux rapports d'OVNI, mais je doute qu'avec un certain sens critique on puisse y reconnaître d'une façon irrévocable la présence des visites. Sur le plan théorique, beaucoup de savants pensent qu'il y a vraisemblablement d'autres planètes habitées, car on voit qu'un peu partout, effectivement, la matière s'organise : les quarks s'agencent en nucléons — il y a de l'hydrogène partout —, les nucléons s'organisent en noyaux — il y a des atomes partout. En continuant à gravir ces paliers successifs de l'organisation de la matière, on voit les molécules s'associer en biomolécules, en protéines et en bases nucléiques dont l'assemblage ordonné forme les cellules vivantes. La nature semble donc suivre partout les mêmes schémas d'organisation : les lois de la physique, les éléments chimiques et les particules sont partout les mêmes. Il serait plausible d'extrapoler — les mêmes causes produisant les mêmes effets — que la vie ait pu surgir aussi ailleurs. Il y a pourtant un fait gênant : selon cette hypothèse, Mars aurait dû avoir au moins des formes élémentaires de vie ; ce n'est, bien sûr, pas une planète aussi douillette que la Terre, mais elle n'est pas non plus totalement inhospitalière. Or, on n'a rien trouvé dans tout le système solaire, on ne connaît aucune autre planète habitée. De ce fait, on ne peut certes pas affirmer que la vie se développe quelles que soient les circonstances. Il faut avant tout étudier la probabilité d'une telle éventualité, et même si elle n'était pas nulle — la preuve en est que la vie s'est développée sur Terre —, elle pourrait néanmoins être assez petite, auquel cas il ne pourrait y avoir que relativement peu de mondes habités.

*De toute façon, comment aurions-nous pu déchiffrer la*

*« signification » des « messages » provenant des extraterrestres, puisque nous ignorons tout de leur langage ? Même si cela nous paraît être du « bruit », cela pourrait avoir un « sens » pour eux.*

— Je crois que vous pouvez très bien faire la distinction entre un « bruit » et un « langage organisé », sans connaître la langue de l'émetteur, puisque vous allez y déceler les mêmes syllabes qui reviennent, et une analyse méticuleuse vous permettra d'identifier le code grâce à ces répétitions et ces redondances. Vous vous souvenez du fameux conte d'Edgar Allan Poe dans lequel l'observation des lettres qui reviennent avec une certaine fréquence permet de décoder un message. Il existe donc des méthodes qui nous permettent de décoder n'importe quel langage chiffré, de reconnaître lorsqu'un message est une information organisée. Je pense qu'on arrivera donc à déchiffrer même un code émis par des extraterrestes.

# 9

## Albert Jacquard * : l'éco-généticien

*Albert Jacquard est un membre actif du Mouvement universel pour la responsabilité scientifique et, à ce titre, il s'attaque aux extrapolations abusives faites au nom de la science : « Toute tentative de justification des inégalités sociales s'appuyant sur des mesures telles que le "quotient intellectuel", ou des concepts tels que l'héréditabilité, constitue une utilisation frauduleuse des apports de la science », estime-t-il. Son travail pionnier de « généticien des populations » — nouvelle discipline s'inspirant des mathématiques, mais observant les êtres vivants, abstraite dans ses conceptions, mais concrète dans ses conclusions — le place au centre d'une vive polémique d'ordre scientifique, philosophique et politique. Car si la biologie moderne nous permet de comprendre la transmission de la vie et nous éclaire sur les mystères de l'évolution, la génétique est aussi invoquée pour justifier l'inégalité des races et l'héréditabilité de l'intelligence, tout en suscitant les plus vifs espoirs de percées biotechnologiques et les plus excessives passions,*

* Polytechnicien, directeur du département de génétique de l'Institut national d'études démographiques (INED), enseignant dans diverses universités en France et à l'étranger.

*telle la manipulation génétique, voire l'« amélioration » des espèces.*

*Dans cette controverse, la connaissance scientifique apporte une salubre ouverture d'esprit, exprimée ainsi par Albert Jacquard : « Notre richesse collective est faite de notre diversité, "l'autre", individu ou société, nous est précieux dans la mesure où il nous est dissemblable. » Car entre les hommes, entre les populations, il n'y a pas inégalité mais différence, voire complémentarité. Saint-Exupéry n'avait-il pas déjà dit : « Si je diffère de toi, loin de te léser, je t'augmente. »*

## Bibliographie

*Éloge de la différence,* Le Seuil, Paris, 1978.

*Au péril de la science,* Le Seuil, Paris, 1982.

*L'Héritage de la liberté,* Le Seuil, Paris, 1986.

*Voici le temps du monde fini,* Le Seuil, Paris, 1991.

*Pour la science classique, le futur était inclus et déterminé par le passé. Maintenant, au contraire, un philosophe comme Abraham Moles nous dit : « Je pense le présent à partir du futur »* *...

— Il s'agit ici du rôle essentiel du temps dans le devenir de l'univers. La vision laplacienne stipulait que toutes les particules constituant l'univers sont soumises à des lois universelles et que si l'on connaissait les caractéristiques de chaque particule, on pourrait prédire l'avenir. Cette vision est décidément périmée. Les physiciens l'ont abandonnée avec la mécanique quantique, et il en est de même pour la génétique avec la théorie mendélienne. Si les parents symbolisent le présent, les enfants ne sont pas pour autant déterminables à partir d'eux. Si je connais tout d'elle et de moi, je ne sais pratiquement rien des enfants que nous aurons. Il est donc faux de prétendre que le présent détermine totalement l'avenir. Il le conditionne, certes, à un certain degré, mais à partir du même « présent » un nombre quasi infini de « possibles » peut surgir. Connaissant les lois de l'univers, la seule chose envisageable serait d'esti-

* Entretien de 1982.

mer la probabilité de chaque « possible » ; puisqu'ils sont plus ou moins « probables ». De la surabondance de ces possibles, un seul aboutira et nous ne savons rien sur « celui » qui aura choisi ce réel parmi tant d'autres. Il est logiquement réconfortant pour nous d'appeler « hasard » le sujet — ignoré — du verbe choisir.

*Nous voilà face à deux conceptions différentes. René Thom proclame « Halte au hasard*[1] *», et vous-même vous soutenez : « Seul le recours au hasard permet une attitude réaliste face à un univers incertain »...*

— Je ne voudrais surtout pas engager une polémique avec René Thom ; je suppose qu'en disant « Halte au hasard », il évoque les abus que certains en font. Il est donc très important de bien définir le hasard. Est-ce que l'on y perçoit uniquement un constat d'incapacité à connaître l'univers, ou est-ce que l'on y entrevoit l'idée que l'univers en lui-même est intrinsèquement indécis ? Sans vider la querelle de l'« existence en soi » d'un certain hasard, on peut tout au moins se mettre tous d'accord sur la nécessité d'utiliser le « principe probabiliste » dans les raisonnements que l'on va tenir pour relier demain à aujourd'hui.

*Aurions-nous ainsi recours au hasard lorsque la complexité des mécanismes déterministes nous échappe ?*

— Il y a en effet deux visions du hasard. L'une est celle d'un « hasard essentiel » car l'univers en soi est indécis par nature, l'autre postule que seul le déterminisme existe, mais le réel est si complexe que jamais l'on ne pourra le comprendre ; il faudrait alors raisonner comme si le hasard était présent. Ce sont deux conceptions tout à fait distinctes.

*Si, selon la « génétique des populations », la diversité des individus au sein d'une population accroît sa « valeur sélective », la quête de la « race pure » serait-elle — aussi — biologiquement désastreuse ?*

— Lorsqu'il s'agit de groupes humains et de leur patrimoine génétique, que signifie le mot « pur » ? Il évoque l'idée que ces groupes ont transmis leur patrimoine géné-

1. In *Le Débat*, n° 3, juillet 1980.

tique de génération à génération sans aucun apport extérieur. Le résultat d'un tel mécanisme est un appauvrissement progressif du patrimoine génétique. Tandis que certains gènes disparaissent, un seul subsiste pour chaque caractère. Autrement dit, pour un généticien, le terme « pur » est synonyme de « pauvre ». La « valeur sélective » d'une population reflète sa capacité de survivre en résistant à l'environnement, proportionnellement à sa richesse génétique. Une population dotée d'apports génétiques variés est, d'office, mieux placée qu'une population appauvrie. A l'université de Genève, nous étudions justement un isolat indonésien où, depuis plus de six siècles, les habitants sont si peu nombreux qu'ils commencent à avoir des problèmes de procréation. Ils se sont tant appauvris qu'ils sont devenus progressivement un groupe « génétiquement pur », mais biologiquement, ils risquent la catastrophe.

*Or si, selon la génétique, la race est un concept qui ne correspond à aucune réalité biologique, pourquoi la pyschologie constate-t-elle des écarts entre le « quotient intellectuel » des Blancs et des Noirs américains ?*

— On a effectivement essayé de décomposer, de manière sérieuse et objective, l'humanité en groupes qui seraient génétiquement homogènes. Or il est impossible de tracer des frontières entre eux sans un arbitraire total. La notion de Noirs et de Blancs est tout particulièrement arbitraire, car elle classe les individus d'après leur capacité de fabriquer de la mélanine, substance qui rend la peau noire. Cette faculté étant liée à un très petit nombre de gènes, il n'y a vraiment pas de quoi se polariser sur ce phénomène, alors que l'espèce humaine est caractérisée par des dizaines de milliers de gènes. Le généticien avoue ainsi son incapacité à définir des races. Par contre certains psychologues constatent une différence entre le quotient intellectuel des Noirs et des Blancs. Cet écart serait de 15 %, admettons-le. Mais que signifie le quotient intellectuel ? C'est un chiffre, déterminé par des tests, mesurant la conformité à une certaine culture. Il ne mesure évidemment pas l'intelligence en soi. Que la conformité intellectuelle des Noirs américains au système éducatif des Blancs soit inférieure à celle de ces derniers est une évidence que l'on aurait pu admettre avant même de la mesurer. L'écart en question correspond donc à une réalité sociologique : prétendre qu'il correspond à une certaine aptitude innée résulte d'une erreur logique. Le psychologue américain Jensen a pris prétexte du fait que l'héréditabilité du QI serait, selon lui, de 85 %, pour conclure que cet écart entre les QI moyens serait, pour l'essentiel, d'origine génétique. Il s'agit ici — de l'avis de tous les généticiens — d'une erreur de raisonnement : il a confondu une « corrélation » avec une « causalité ». Pour illustrer ce type d'erreur, imaginez que l'on demande à chaque passant : « Combien de loyer payez-vous par mois ? Combien de jours avez-vous passés aux sports d'hiver ? » On constate que plus les gens paient de loyer, plus longtemps ils sont restés aux sports d'hiver. Si l'on en déduit qu'il faut augmenter les loyers des HLM afin de permettre aux ouvriers d'aller aux sports d'hiver, on commet une erreur évidente. Dans l'étude comparative du QI des Blancs et des Noirs, on se trouve — en fait — devant un exemple typique d'extrapolation dangereuse. C'est l'un des thèmes de mon livre. Il cst en effet urgent de lutter contre les abus de langage qui aboutissent à pervertir la science à des fins purement idéologiques.

*La manipulation génétique, cette étonnante ingénierie biologique qui veut « améliorer » l'homme, ne risque-t-elle pas d'aboutir à asservir une majorité silencieuse à une minorité manipulatrice ?*

— Asservir la majorité à une minorité, c'est effectivement, comme vous dites, le rêve de certains hommes qui prétendent que, pour le bien de la société, eux — l'élite — devraient prendre le pouvoir. C'est très exactement l'idéologie de la nouvelle droite : pourquoi ne pas « améliorer » l'homme grâce à la génétique, de même que l'on a « amélioré » la race chevaline. Sans doute, l'on pourrait faire une manipulation génétique qui permettrait de fabriquer des hommes capables de courir un 100 mètres en 7 secondes ; mais que signifierait alors « améliorer » l'homme ?

*Le rendre plus intelligent...*

— Si l'on pouvait « améliorer » l'intelligence, cela voudrait dire qu'une intelligence est supérieure à une autre.

Or elle est une qualité polyvalente : elle fait appel à l'imagination, à la capacité de répondre vite, inventer des questions nouvelles, établir des raisonnements logiques...

*Ne pourrait-on la définir comme la capacité de pouvoir s'adapter « efficacement » à des situations nouvelles, autrement dit, faire face à l'imprévu ?*

— Il y a des gens fort intelligents qui sont incapables de s'adapter à l'imprévu. Il y a des Prix Nobel qui sont désemparés dans la vie courante. L'intelligence est une capacité multiforme et l'idée même d'« intelligence mesurable » est un péché contre l'esprit : on remplace une notion complexe par un chiffre à signification équivoque. On opère ainsi une trahison de l'objet. Avec le QI, l'on mesure la capacité à répondre vite à des questions dont les réponses sont déjà prévues par le testeur. Or l'intelligence, c'est précisément la capacité d'inventer des questions inédites. Les tests de QI nous induisent donc en un mécanisme de conformisme, de soumission. Ces tests reflètent la capacité de répondre « oui » alors que l'intelligence est la capacité de dire « non ».

*Que pensez-vous de la thèse de la sociobiologie selon laquelle l'auteur principal de la vie n'est pas l'individu mais le gène, et l'être vivant n'est plus qu'un « automate de survie » que les gènes ont « programmé » ?*

— Le gène est effectivement ce que je transmets à mon enfant, mais le gène seul est rigoureusement incapable d'agir. On accepte trop facilement l'équivalence entre la notion de « gène » et celle de « programme », alors que le gène n'est qu'un assemblage muet de molécules chimiques, qui réagira face à d'autres produits chimiques venant du milieu. C'est une erreur que de « personnaliser » le gène en lui accordant un destin et une volonté propres, et de croire qu'il impose, à travers le programme qu'il apporte, tel ou tel comportement complexe.

*Quel est alors le jeu d'interaction entre l'espèce, gardienne du programme génétique invariant du génotype, et l'individu, sa concrétisation singulière variable par le phénotype ?*

— Ce qui existe, c'est évidemment l'individu ; c'est sur lui que peut jouer la fameuse sélection naturelle de Darwin. Par contre, le génotype, c'est la collection de gènes qu'il a reçue. Il faut ici prendre conscience de la difficulté logique introduite par la découverte de Mendel. Les individus sexués sont en état de « duplicité », c'est-à-dire qu'en face de l'« unicité » des caractères concrétisés, il existe une duplicité des facteurs — les gènes — qui gouvernent ces caractères. Ainsi, là où apparemment on ne trouve dans mon sang que le groupe B, on trouve dans mes gènes les deux éléments B et O. Cette « duplicité » est difficile à comprendre, puisqu'elle est contraire à notre logique unitaire qui nous fait croire qu'un individu transmet ses « caractères », alors que dans la réalité il manifeste un caractère (phénotype), mais il ne transmet que la moitié des facteurs (génotype) qui gouvernent ce caractère. Au niveau de l'espèce, il y a, certes, une relative invariance, mais au niveau de l'individu, au contraire, il y a une fabuleuse variabilité. Mes gènes appartiennent à une certaine espèce, mais mon destin individuel est fonction de l'interaction entre mes gènes — acteurs muets — et ce que m'apportera le milieu.

*Où situeriez-vous alors le libre arbitre de l'homme pris entre le double déterminisme de l'inné et de l'acquis ?*

— Dans cette dialectique, ce qui pose problème, c'est que ce rapport entre l'acquis et l'inné est trop souvent conçu comme une addition, alors qu'il s'agit d'une « interaction » si complexe que tel « gène » peut être favorable en tel milieu et défavorable en tel autre. Car ni les gènes ni le milieu n'ont de qualités propres, tout dépend de leur interaction. Vous évoquez le « libre arbitre » ; je suis en effet le résultat de cette « interaction » ; son aboutissement me procure une complexité particulièrement riche. Ce concept de « complexité » est d'ailleurs redécouvert actuellement par les physiciens qui estiment que seule une structure complexe est capable de s'autofabriquer. Or le champion de la complexité, donc de l'autofabrication, de l'autostructuration, c'est l'homme.

*Dans cette complexité du puzzle humain, quels rôles jouent alors l'inné, l'acquis et l'autofabrication ?*

— Je n'existerais pas sans mes gènes, tout en moi dépend d'eux. Mais mes gènes, à eux seuls, sont insuffisants : c'est uniquement par les apports simultanés des gènes et du milieu que j'atteins un certain seuil de complexité, à partir duquel je peux devenir coauteur de moi-même, possesseur et générateur d'une liberté quasi illimitée. L'aventure humaine en est la manifestation : c'est en sachant nier l'apport de nos sens, et en imaginant des théories plus fidèles à la réalité que nous devenons coauteurs de nous-mêmes et du monde. Ce qui est faisable collectivement au niveau de la science peut aussi être obtenu individuellement au niveau de la fabrication de soi. Toutefois, soyons conscients du fait que ces êtres autonomes et véritablement intelligents sont inquiétants, car ils sont capables de dire « non » ! Comme disait Einstein : « Pour marcher au pas, il n'y a pas besoin de cerveau, la moelle épinière suffit. » En forgeant leur capacité de s'autofabriquer, on produit donc des gens qui ne marcheront plus au pas, mais n'est-ce pas le prix à payer pour la liberté ?

*Justement, vous souhaitez qu'au lieu du « pouvoir » que lui confère son « auréole de saint laïque », au lieu de comprendre pour les autres, le savant puisse permettre aux autres de comprendre...*

— Je crois que c'est important, car l'on a trop l'habitude, dans notre monde complexe, de déléguer nos pouvoirs aux députés, aux professeurs, aux médecins. Lorsqu'il s'agit de saisir le monde, est-il raisonnable d'admettre que les astronomes devraient comprendre, pour nous, les mystères des trous noirs et les généticiens ceux de l'hérédité ? Cette totale démission est très grave ; il faudrait, au contraire, inciter chacun à comprendre par lui-même et lui en fournir les moyens.

*Mais les savants souhaiteraient-ils vraiment divulguer leurs connaissances : leur « savoir » n'est-il pas leur « pouvoir » ?*

— Il se peut qu'ils ne le fassent pas volontiers, mais ils pourraient y être contraints, puisqu'ils sont payés pour le faire. Le rôle des scientifiques est d'aider les gens à comprendre et non de comprendre pour eux, de même qu'il est d'aider chacun à mieux poser les questions ; car, pour moi, « être », c'est s'interroger...

*Seriez-vous ainsi d'accord avec Georges Duby disant*[2] *: « Ma liberté est à son comble lorsque je pose mes questions » ?*

— Bien sûr : une réponse, c'est toujours un peu cuistre, elle clôt un problème, tandis qu'une question nous ouvre le monde. Si l'un des objectifs de la science est de répondre aux questions, plus important encore est de formuler de nouvelles questions ; c'est grâce à elles qu'ont lieu tous les progrès de la connaissance.

*Justement, l'actuelle remise en cause du néo-darwinisme — conciliant la sélection naturelle de Darwin avec l'héréditabilité de Mendel — ne serait-elle pas l'un de ces questionnements salutaires du progrès scientifique ?*

— Le néo-darwinisme, qui a effectivement élaboré une synthèse entre la vision darwinienne et la vision mendélienne, était une théorie triomphante il y a une vingtaine d'années, mais il n'a pas prévu une réalité essentielle, le « polymorphisme », c'est-à-dire l'extrême diversité de toutes les populations. Lorsqu'on observe un caractère, on s'aperçoit que des gènes très différents lui correspondent, autrement dit l'« uniformisation génétique » prévue par la plupart des modèles ne s'est pas produite. Il est donc devenu nécessaire de réviser le néo-darwinisme en forgeant de nouvelles théories, dont la théorie « neutraliste » inspirée par le généticien japonais Motoo Kimura.

*Cette nouvelle théorie remet-elle en cause le rôle de la sélection naturelle ?*

— Elle remet en cause le besoin logique de faire intervenir la sélection naturelle et propose de procéder comme si Mendel était connu et Darwin inconnu. L'acteur essentiel de l'évolution est alors le hasard, la sélection natu-

2. In Georges DUBY - Guy LARDREAU, *Dialogues,* Flammarion, Paris, 1980.

relle n'intervenant que comme un facteur secondaire. Le pouvoir explicatif de ce modèle n'est certes pas parfait, mais il résout bien des problèmes. D'autres généticiens des populations développent au contraire des modèles donnant le rôle essentiel à la sélection naturelle, mais en admettant des mécanismes plus complexes que ceux étudiés initialement. Ils aboutissent ainsi à constater que les transformations du patrimoine génétique résultent de l'interaction de séries causales indépendantes, ce qui est une autre façon d'introduire le hasard dans l'explication de l'évolution.

# 10

## Jean-Pierre Changeux* : « l'homme neuronal »

*Dans le cerveau humain, contrairement à l'ordinateur, le matériel et le logiciel sont si étroitement corrélés qu'on ne peut réduire automatiquement le fonctionnement de l'« esprit » à l'organisation du « système neural ». Sinon, les hommes, à l'instar des « machines intelligentes », ne produiraient que des idées similaires, voire standardisées, alors que le propre de l'homme réside justement dans l'originalité dynamique de sa pensée, dans sa formidable créativité. Imaginez ce que l'on aurait pu découvrir si l'on avait pu mettre le cerveau d'Archimède dans une caméra à positrons quelques secondes avant qu'il ne crie « Eurêka ! » C'est cette intéressante problématique qu'éclairent les travaux de Jean-Pierre Changeux.*

*Dans l'ouvrage* Matière à pensée, *Jean-Pierre Changeux explore avec Alain Connes, mathématicien, médaille Fields et professeur au Collège de France, la nature des liens entre la réalité et le cerveau, le monde sensible et les concepts théoriques, en s'appuyant sur des hypothèses empruntées aux mathématiques, à la physique, aux neurosciences et*

* Neurobiologiste, titulaire de la chaire de communication cellulaire au Collège de France, et à l'Institut Pasteur.

*à l'intelligence artificielle. Cet ouvrage est un événement ! Pour la première fois, deux chercheurs dans des disciplines de pointe se livrent à un véritable dialogue montrant comment des réflexions différentes peuvent néanmoins converger pour faire avancer la connaissance.*

## Bibliographie

*L'Homme neuronal,* Fayard, Paris, 1983.

*Matière à pensée*, avec Alain CONNES, Odile Jacob, Paris, 1989.

*Pourquoi ce chiffre astronomique de cent milliards de neurones alors qu'ils ne sont pas tous opérationnels* * *?*

— On peut même dire que notre cerveau est un « univers connexionnel », et les cellules nerveuses qui le composent constituent un réseau organisé en structures parallèles et hiérarchiques formant un ensemble d'une extrême complexité. Ce système hautement organisé possède néanmoins une marge de variabilité importante, qui fait dire qu'il n'existe pas deux cerveaux identiques sur notre planète. Mais lorsqu'on parle d'« opérationnel », on peut se demander en fait si, dans une situation donnée, tous ces neurones sont actifs. Eh bien, ma réponse est non ! Car si c'était le cas, ce serait une crise d'épilepsie. En réalité, je ne pense pas qu'il existe dans notre cerveau des neurones qui soient en permanence inactifs ; ils entrent en activité à un moment ou à un autre, mais ce qui importe, c'est que cette activité soit distribuée selon une mosaïque définie et cohérente. Cela permet de coder un très grand nombre de représentations, beaucoup plus élevé que le nombre des neurones de notre encéphale.

---

*** Entretien de 1990, concernant *Matière à pensée, op. cit.*.**

*Qu'en est-il de la chimie du cerveau ?*

— Vous savez qu'il existe deux modes principaux de signalisation : d'une part, les signaux électriques qui sont propagés le long des axones et, d'autre part, des signaux chimiques qui interviennent dans la communication entre neurones au niveau des synapses chimiques, les plus fréquentes dans notre système nerveux central. La chimie intervient également dans la structure même de la cellule nerveuse et de ses câbles. Son importance est donc capitale.

*Comment peut-on formuler des théories sur les bases neurales de nos facultés cérébrales ?*

— J'emploie souvent la notion de « faculté cérébrale » car cela permet de définir une disposition organique pour réaliser un processus déterminé qui se distingue de la « fonction » qu'elle permet d'exprimer. La faculté de mémoire, comme celle d'entendement ou de raison, est essentiellement un dispositif neural que je considère le plus souvent comme inné, et qui est propre à l'espèce. Théoriser à ce niveau-là consiste, en fait, à proposer un modèle d'architecture neurale qui permette de réaliser un processus mental défini.

*Vous faites en quelque sorte de la « biologie de l'esprit » ?*

— Exactement. Et je ne suis pas le premier dans ce domaine, parce que c'était aussi l'ambition des physicalistes du XIX^e^ siècle comme Helmotz, Du Bois-Reymond et, bien entendu, Freud. Sa première démarche a été de vouloir reconstruire le psychisme, et plus particulièrement une maladie mentale : l'hystérie, sur des bases physiques. Bien qu'à l'époque il considérât que cette tentative était aventureuse, il y voyait l'un de ses objectifs ultimes. Il ne l'a pas réalisé et ses successeurs non plus. Par contre, les neurosciences, par les travaux conjoints d'anatomie, d'analyse fonctionnelle, de biochimie et de biologie moléculaire, vont permettre de progresser dans le sens de cette utopie freudienne.

*Si un groupe de neurones est capable de coder une représentation aussi singulière que « grand-mère » ou « Volks-*

*wagen mauve », qu'en est-il de la localisation des fonctions ?*

— L'analyse des bases neurales de la « reconnaissance des visages » montre que certaines cellules nerveuses répondent d'une manière hautement spécifique à des traits particuliers de ceux-ci, comme, par exemple, la forme des yeux. Ces neurones localisés dans le lobe temporal font partie d'un réseau connecté, d'une part, aux cellules situées à l'entrée des voies visuelles (dans le cortex occipital) et, d'autre part, aux neurones du cortex frontal qui vont participer à la mise en contexte de ces « visages ». Rien ne s'oppose donc à ce qu'il y ait une spécialisation fonctionnelle de domaines définis du cortex qui sont néanmoins interconnectés et contribuent à des activités, distribuées et intégrées à la fois.

*Cela expliquerait-il la richesse extraordinaire de notre cerveau ?*

— Elle permet précisément d'avoir une très grande diversité de représentations intégrées et des possibilités combinatoires assurant un nombre énorme de représentations mentales.

*A quoi sert d'avoir deux hémisphères, alors que le « centre du langage », par exemple, se trouve chez certaines personnes à gauche et chez d'autres à droite ?*

— Cette différenciation permet une plus grande spécialisation fonctionnelle des cellules du cortex cérébral et crée une rupture de symétrie qui, au cours de l'évolution des espèces, a entraîné une explosion des facultés cérébrales. Elle a donc permis le développement de facultés cognitives importantes, en particulier du langage. Alors pourquoi l'hémisphère qui en est spécialisé se trouve-t-il tantôt à gauche et tantôt à droite ? Il paraît qu'il y a à ce sujet des bases génétiques semblables à celles de la détermination des organes asymétriques comme le cœur. On peut donc imaginer qu'il existe aussi un contrôle génétique de l'asymétrie entre les deux hémisphères. Mais ce qui importe, c'est que les performances de ces centres du langage, qu'ils soient à gauche ou à droite, soient très semblables.

*A propos de la latéralisation : certains prétendent qu'elle diffère entre l'homme et la femme...*

— Les psychologues d'enfants se sont beaucoup intéressés à cette question, et il semble qu'il existe effectivement quelques différences, en particulier dans la reconnaissance des « volumes ». Mais je pense qu'elles sont mineures par rapport à l'ensemble des facultés cérébrales communes à l'homme et à la femme. Le fait que nous dialoguons si bien ensemble prouve que nous n'avons pas des cerveaux si différents que cela...

*Puisque le système nerveux ne se stabilise qu'après ses interactions avec l'environnement, comment opère le* feed-back *entre l'inné et l'acquis ?*

— Le système nerveux est en constante interaction avec le monde extérieur, même avant la naissance. Il y a donc une intrication très profonde entre l'inné et l'acquis qu'il est impossible de chiffrer : y a-t-il 30 % d'inné, et 70 % d'acquis ? La question est absurde. Notre système nerveux possède une variabilité connexionnelle importante qui est en étroite relation avec l'apprentissage, et c'est cette frange qui permet à l'environnement d'installer son empreinte par un mécanisme de sélection. Mais pour que ces traces acquises soient exploitables par le sujet, il faut que lors de cette stabilisation une rétroaction s'effectue avec le monde extérieur *via* des systèmes de récompense. C'est d'ailleurs pour cette raison que nous parlons de « machine qui souffre et qui s'auto-évalue » : elle souffre quand elle échoue et teste donc de nouvelles hypothèses afin de réussir. Vous voyez que la rétroaction intervient dans la sélection de représentations mentales gratifiantes.

*Mais au-delà de la gratification qui encourage évidemment l'apprentissage, est-ce que le plaisir physique est un élément important ?*

— Bien entendu, car dans l'état d'angoisse ou de stress on apprend mal. Il existe donc des systèmes de verrouillage ou de déverrouillage de l'apprentissage qui semblent en relation avec les états émotionnels.

*Un discours savoureux, humoristique, aurait alors plus de chances d'être compris...*

— D'être mémorisé.

*Qu'un discours didactique et ennuyeux ?*

— On peut, en effet, imaginer que l'introduction de plaisanteries crée une détente permettant une attention plus soutenue qui encourage ainsi une meilleure mémorisation des propos tenus...

*Justement, si notre mémoire est la reconstitution d'une vision du passé adaptée au présent, serait-elle donc en perpétuelle modification ?*

— Un des grands paradoxes offerts par la biologie moléculaire aux neurobiologistes est que les molécules du système nerveux sont en perpétuel renouvellement. Comment se fait-il alors qu'en dépit de la durée de vie très brève (quelques heures ou quelques jours) des molécules composant nos synapses, l'information puisse être stockée pendant quatre-vingts ans ? On peut soutenir que cette réorganisation constante de notre mémoire et de nos connexions dans le système neveux central permettrait une remise à jour permanente de l'information stockée dans notre cerveau. Il est intéressant de souligner que dans un travail fait avec Gérard Toulouse, Jean-Pierre Nadal et Stanislas Dehane, nous avons réalisé un modèle qui prévoit ce genre de propriété. Nous l'avons appelé « palimpseste », terme moyenâgeux désignant les parchemins qui étaient perpétuellement effacés et réutilisés et sur lesquels on arrive encore à voir les traces des anciennes écritures sous-jacentes aux nouvelles. De la même manière, on peut imaginer que les réseaux neuronaux qui stockent nos objets de mémoire ont une capacité finie, et que les traces les plus anciennes disparaissent alors que de plus récentes sont mises en place.

*Mais alors, comment le cerveau, outil d'investigation matériel, arrive-t-il à synthétiser des signaux sensibles fournis par le monde extérieur en une raison abstraite ?*

— Comme le disait Lénine, « parlons concrètement dans une situation concrète ». De mon point de vue, l'« abstraction » consiste en une « extraction » de formes communes à plusieurs objets concrets. Abstraire résulte de la faculté de classer en catégories. Il existe donc plusieurs niveaux d'abstraction dans la désignation d'un ensemble d'objets ou de processus. D'un côté, l'objet concret « pain », « eau » ; et, de l'autre, le concept abstrait : « liberté ». Or les représentations les plus abstraites, comme les mathématiques, s'organiseraient dans le temps au niveau du cortex frontal qui va effectuer des opérations sur ces représentations, et élaborer des « raisonnements ».

*Quelle serait alors la différence entre les images mentales qui codent un « objet » comme « soleil » ou un « concept » comme « amour » ?*

— Je ne peux pas répondre scientifiquement puisqu'on ne connaît pas encore cette distribution. Mais je pense que le mot « soleil » correspond à une représentation très concrète, le mot « faire l'amour » aussi. Or, faire « l'amour au soleil » représente une intégration temporelle et spatiale de représentations qui sera sans doute élaborée en partie par notre cortex frontal.

*Alors, pour traiter un domaine parfaitement concret : comment l'ordinateur, qui opère grâce à des programmes préétablis et est incapable de s'auto-organiser, pourrait-il remplacer l'homme ?*

— L'informatique contemporaine ne permet absolument pas d'accéder aux performances du cerveau humain. D'ailleurs, avec Alain Connes, nous distinguons des « niveaux d'organisation » c'est-à-dire des « architectures neurales » auxquelles peuvent être associées des « fonctions » particulières. Or, celles qu'un ordinateur est susceptible de réaliser actuellement sont extrêmement modestes et correspondent tout juste à ce que nous appelons le « niveau de la représentation ». On est donc très loin d'avoir un ordinateur doué de créativité.

*Autrement dit, un ordinateur « aussi doué qu'Einstein » n'existerait pas ?*

— Nous discutons justement de la manière dont on pourrait concevoir des machines douées d'une certaine créativité. Je ne dis pas qu'elles auraient celle d'Einstein, mais il n'est pas exclu qu'un jour on puisse construire des ordinateurs accédant au moins à quelques-unes de ses performances. Il n'est donc pas utopique d'imaginer des machines authentiquement intelligentes mais elles ne sont pas encore réalisées.

*Les millions de dollars investis aux États-Unis, au Japon, ou en Europe (avec le programme « BRAIN ») pour préparer les « ordinateurs neuronaux » sont-ils justifiés ?*

— Évidemment, parce qu'il s'agit de concevoir de nouvelles architectures pour créer des ordinateurs dont les facultés seraient supérieures à celles des machines construites actuellement, et qui se rapprocheraient davantage de celles du cerveau humain.

*Alors, si selon Spinoza « les hommes jugent les choses suivant la disposition de leur cerveau », le même objet vu par « nous » ou par des « extraterrestres » aurait-il le même aspect ?*

— Il aura le même « aspect » si les extraterrestres ont un cerveau construit suivant des règles très semblables aux nôtres. D'ailleurs la métaphore est très simple : demandez à un escargot comment il voit le monde extérieur par rapport à nous ? Il le verra avec les capacités que son très petit système nerveux central lui permet d'avoir : c'est noir ou blanc, bon ou mauvais à manger.

*Et pour en revenir à votre dialogue avec le mathématicien Alain Connes, n'est-il pas paradoxal de soutenir l'existence d'une réalité mathématique qui préexisterait dans l'univers au cerveau du mathématicien lui-même ?*

— Ceci est la thèse qu'il défend et que je ne partage absolument pas. Néanmoins beaucoup de mathématiciens contemporains sont platoniciens et « croient » à l'existence d'une réalité mathématique en dehors de notre cerveau. Je pense qu'il s'agit d'une conception purement subjective qui les aide dans leur travail : ils ont un vécu de la découverte mathématique qui les laisse penser cela. Mais selon moi, les mathématiques sont composées d'objets mentaux qui surgissent dans la tête du mathématicien à la suite d'un long travail de maturation et dont il étudie ensuite les propriétés grâce aux facultés de raisonnement que nous possédons tous.

*Les mathématiques seraient-elles le principe organisateur de la matière?*

— Non. Je pense que les mathématiques constituent un langage formel universel qui nous permet de décrire d'une manière aussi précise et adéquate que possible les propriétés des objets naturels.

*Comment se fait-il alors qu'il y ait si peu de mathématiciens qui se préoccupent du cerveau?*

— Parce que beaucoup d'entre eux ignorent les neurosciences et néanmoins ont une opinion à leur sujet. Ce n'est bien entendu pas le cas d'Alain Connes qui, lui, a cherché à étudier le cerveau, et à dialoguer avec un biologiste.

*Cherchez-vous tant à comprendre les mathématiques afin de réfuter René Thom accusant les biologistes « de se contenter de décrire les faits sans être capables de les expliquer » ?*

— La vision que René Thom a des biologistes est erronée. Je ne mets absolument pas en doute son immense talent de mathématicien, mais je pense qu'il a du mal à comprendre comment les biologistes raisonnent, comment ils progressent dans leur travail scientifique. Il ne se rend pas compte que toute expérimentation s'accompagne d'un travail théorique important que le biologiste ne formule pas nécessairement par écrit. D'autre part, il existe un grand nombre de biologistes qui écrivent des théories et construisent des modèles parfaitement respectables et authentiques, parfois en collaboration harmonicuse avec des mathématiciens.

*Et pour conclure : votre recherche actuelle d'une « éthique dynamique », d'une « morale ouverte fondée sur des bases neuro-cognitives » ne serait-elle pas, par essence, antiscientifique car subjective?*

— Au contraire, j'essaie de plaider en faveur d'une prise en considération des données de la science et de la connaissance objective dans la construction d'une éthique. Mon attitude est donc de « désubjectiviser » les règles morales.

*Mais puisque le cerveau humain est le même partout, il aurait dû déjà donner lieu à une éthique universelle : or nous constatons au contraire l'existence d'une multiplicité d'éthiques différentes...*

— J'essaie précisément de distinguer les « morales », qui se présentent avec une grande diversité, de l'« éthique », qui est une théorie générale des morales et qui devrait permettre de saisir un certain nombre de traits communs dans ces morales, afin de définir une éthique universelle commune à l'espèce humaine. Il ne s'agit encore que d'une réflexion extrêmement fragmentaire, et je suis loin d'avoir abouti. Bien entendu, je ne suis pas le seul à essayer de réfléchir en ces termes : prenez la *Théorie de la justice* de Rawls, par exemple...

*Mais il ne fonde pas sa théorie sur la structure neurocognitive, il est philosophe, c'est tout à fait autre chose.*

— Je pense que l'un des points majeurs dans la construction d'une éthique est la faculté de se représenter les états mentaux et émotionnels de l'autre, et cette faculté a, bien entendu, des bases neurales. Il est vraisemblable que le cortex frontal, qui a été qualifié précisément par A. Luria d'« organe de la civilisation », intervient dans cette faculté de représentation et, en particulier, dans ce que j'ai appelé la « sympathie ». Il ne me paraît donc pas du tout outrepasser mes droits de neurobiologiste que de faire l'hypothèse que des bases neurales de l'éthique puissent exister.

*Mais Henri Atlan, dans son livre* A tort et à raison, *proteste justement contre cette « prétention » des scientifiques à « forger » une éthique, parce que, selon lui, ils ne sont pas mieux placés que qui que ce soit d'autre...*

— Atlan n'est pas neurobiologiste, il est tout à fait normal qu'il ait cette attitude.

*Croyez-vous alors que les neurobiologistes, qui connaissent la structure du cerveau, aient plus d'aptitudes à ériger une éthique qu'un religieux ou un penseur ?...*

— Bien entendu, parce que le neuropsychologue, s'intéressant tout particulièrement aux bases neurales du psychisme, peut avoir des données objectives de nature bien différente de celles du religieux ou du philosophe.

*Mais l'éthique, qui est* grosso modo *l'ensemble des règles permettant à une société de vivre ensemble, n'a rien à voir avec la connaissance scientifique de notre cerveau...*
— Mais pourquoi ne pas faire précisément une science de la vie en société ?

*Cela semble outrepasser les qualifications de la science exacte...*
— Bien entendu, mais je ne vois pas pourquoi échapperaient à la science les conduites humaines qui portent sur la société... Ceci est le rôle des sciences humaines...

*La neurobiologie souhaite alors monopoliser, au-delà de sa connaissance particulière, aussi l'éthique...*
— Il ne s'agit pas d'un « monopole », mais de progresser dans la connaissance du mode de vie des êtres humains, et si l'on avait une meilleure connaissance de leur cerveau, peut-être y aurait-il moins de conflits, moins de guerres. L'obscurantisme n'a jamais fait progresser la paix...

# 11

## Jean-Marc Lévy-Leblond* : critique de science

*Selon Jean-Marc Lévy-Leblond, « le concept scientifique de chaos n'a de sens que dans une théorie formalisée. Quant au terme de désordre, il ne fait souvent que désigner une situation où nous ne savons pas déceler l'ordre sous-jacent ». Il n'est donc pas certain que ce « nouveau paradigme », qui semble marquer actuellement les recherches dans des disciplines aussi diverses que la physique, la biologie ou les sciences humaines, soit de nature purement rationnelle. En tout cas, pour le physicien, sous le vocable « chaos » se tapit une théorie physique certes nouvelle par son objet (les processus apparemment désordonnés), mais traditionnelle par sa méthode.*

*La « théorie du chaos » brouille la dichotomie du hasard et de la nécessité et met plutôt au premier plan l'alliance de la contingence et de la causalité.*

* Physicien théoricien, professeur à l'université de Nice, directeur de la collection « Science ouverte » aux Éditions du Seuil et de la revue *Alliage*.

## Bibliographie

*(Auto) critique de la science* (avec Alain JAUBERT), Le Seuil, Paris, 1975.

*La Physique en questions*, Vuibert, Paris, 1979.

*L'Esprit de sel (science, culture, politique)*, Fayard, Paris, 1981 et Le Seuil (« Points-Sciences »), Paris, 1984.

*Quantique* (avec F. BALIBAR), CNRS/Interéditions, Paris, 1984.

*Mettre la science en culture*, Anaïs, Nice, 1986.

*N'est-il pas paradoxal que la science, adoratrice de la raison, élabore actuellement des théories de « création d'ordre par le désordre » * ?*

— Cette formulation — « création d'ordre par le désordre » — me paraît plus journalistique que scientifique. Disons qu'il existe aujourd'hui diverses théories qui tentent de montrer comment, dans certains domaines particuliers, émerge l'ordre ; et il émerge du désordre, évidemment... Je crois qu'il faut montrer beaucoup de prudence devant l'affirmation qu'il existerait un nouveau paradigme ordre/désordre. Cette idée est d'ailleurs largement surévaluée ; l'énorme majorité des travaux scientifiques actuels, que ce soit en biologie ou en physique, continue à se déployer sur un terrain qui est celui du mécanisme le plus traditionnel, de la causalité la plus coutumière, et de la notion d'« ordre » la plus habituelle. Il est vrai que, dans quelques secteurs, on voit émerger de nouvelles problématiques qui considèrent le « désordre » comme une question clé. L'idée que ces approches fonderaient un « nouveau paradigme » me semble relever beaucoup plus d'une infla-

* Entretien de 1991.

tion médiatique prématurée que d'une analyse objective du travail scientifique lui-même.

*Que signifie, au juste, la « théorie du chaos » ?*

— Sous ce beau nom, il y a une théorie physique nouvelle par son objet, mais traditionnelle par sa méthode : une modélisation mathématique, somme toute conventionnelle, de certains phénomènes naturels. Il s'agit à la fois de phénomènes qui jusqu'ici semblaient trop compliqués, comme la turbulence des fluides, et qui commencent à se clarifier, et d'autres que l'on croyait simples, comme des systèmes mécaniques assez petits (à trois corps, par exemple), et qui révèlent des complexités insoupçonnées. Dans tous les cas, un désordre apparent laisse maintenant entrevoir une structure sous-jacente susceptible d'une description formalisée — une sorte d'« ordre », oui, si l'on veut... Mais il faut bien comprendre que ces mots (ordre, désordre, chaos) revêtent, comme toujours en science, un sens à la fois beaucoup plus précis et beaucoup plus pauvre que dans la langue courante à laquelle ils sont empruntés. Pour résumer, la théorisation du « chaos » brouille les frontières entre le hasard et la nécessité ou, autrement dit, rompt l'identification de la causalité et de la prévisibilité. Ainsi, en météorologie, il semble que nous avons beau connaître les équations, nous ne pouvons pas pour autant en calculer les solutions de façon fiable à terme...

*Et que pensez-vous de la théorie de « création d'ordre par le bruit » d'Henri Atlan ?*

— Ses idées n'ont pas directement à voir avec ce que font les physiciens qui s'intéressent au « chaos » dans des systèmes beaucoup plus élémentaires que ceux de la biologie. Ce qui unifie néanmoins ces différentes approches, c'est effectivement l'attention portée à des domaines de la réalité jusqu'ici laissés pour compte par la science, puisqu'ils étaient considérés comme le lieu du désordre, de l'irrationnel, de l'ingouvernable. De ce point de vue, il y a certes une relation entre l'intérêt de certains physiciens et celui de certains biologistes pour des phénomènes qui jusqu'à présent leur échappaient. Cet intérêt est évidemment déterminé par des motivations qui ne sont pas uniquement internes à leur discipline. Mais encore une fois, j'insiste, il n'y a pas un paradigme universel et dominant de l'ordre émergeant du désordre, qui caractériserait la science contemporaine dans son ensemble. Que la science s'empare de faits jusqu'ici écartés et prétende — rien n'indique qu'elle y réussira — leur imposer sa juridiction est une démarche finalement bien normale, et fort intéressante, à la condition d'entrer dans le détail de ces faits et de respecter la spécificité des concepts élaborés pour en rendre compte.

*Et la théorie des « structures dissipatives » d'Ilya Prigogine dans tout cela ?*

— Elle concerne des systèmes physico-chimiques particuliers et entend montrer que certaines structurations, certaines formes d'ordre peuvent s'établir de façon spontanée dans un système hors d'équilibre. C'est loin d'être une théorie globale s'appliquant à tous les phénomènes physiques comme le sont la théorie quantique ou la théorie de la relativité ; elle peut être considérée comme un point de vue permettant de comprendre certains systèmes — physiques et chimiques pour l'essentiel.

*Comment se fait-il alors qu'elle puisse être extrapolée à des phénomènes aussi quotidiens que les termitières ou le trafic urbain ?*

— Je ne suis pas sûr que ces extrapolations soient très convaincantes. Mais si elles l'étaient ou le devenaient, je n'y verrais rien de nécessairement extraordinaire. Il en va de cette théorie comme de toutes les théories de la physique : elles ont, d'une part, un champ de validité théorique rigoureux intérieur à la discipline, et, d'autre part, des capacités d'extrapolation et de métaphorisation. On pourrait invoquer de nombreuses théories physiques pour en tirer des analogies plus ou moins éclairantes par rapport à des phénomènes biologiques ou sociaux, — cela est vieux comme la science. Freud a utilisé la thermodynamique dans la construction de sa théorie de l'inconscient, et Marx, la mécanique en économie. Mais le jour n'est pas encore venu où une théorie physique pourrait être non seulement stimulante et suggestive, mais aussi explicative et prédictive dans des domaines aussi complexes que les sciences sociales ou les sciences économiques. Je crois qu'il faut soigneusement distinguer d'une part, la validité proprement scientifique d'une théorie physique, et d'autre part, l'intérêt des commentaires qu'elle suscite en dehors de son domaine propre. Je ne suis pas opposé à de telles utilisations, voire détournements, à condition qu'il n'y ait pas de confusion... Après tout, on peut aussi renverser la problématique : pourquoi les physiciens n'appliqueraient-ils pas des théories sociologiques en astrophysique, par exemple ? Cela serait *a priori* tout aussi légitime...

*Vous avez raison, mais la physique, étant la reine des sciences, n'a besoin de personne (sauf des mathématiques), tandis que les sciences sociales empruntent parfois leurs outils d'analyse aux sciences exactes...*

— Pourquoi ne pas appliquer la théorie de la relativité aux rapports amoureux ? Et la théorie des quanta à l'inflation monétaire ? Pourquoi pas, en effet ? Mais c'est à ceux qui tentent des opérations de ce genre de faire la démonstration qu'elles sont pertinentes ! En science, on ne peut pas signer de chèque en blanc. Par ailleurs vous me permettrez, en tant que physicien, de récuser l'idée que ma discipline est « reine des sciences ». En science aussi, la royauté doit être abolie. La physique n'est ni plus fondamentale, ni plus rigoureuse que toute autre science, même sociale. Elle a des vertus et des limites spécifiques.

*Assistons-nous aujourd'hui à l'émergence du « désordre organisateur » comme la nouvelle « idéologie » de la contemporanéité ?*

— Nous vivons dans un monde dont le désordre est évident, même s'il n'est pas pire aujourd'hui qu'hier ; il est peut-être plus visible grâce aux moyens modernes d'information. Nous voyons donc le désordre autour de nous, partout, toujours, et c'est difficilement tolérable. Pouvoir se dire alors que la science nous permet au moins de comprendre ce désordre, voilà qui serait sécurisant. Autrement dit, après avoir demandé pendant des siècles à la science de justifier, légitimer, voire imposer l'« ordre » (et parfois de façon relativement brutale), et devant l'échec évident de cette tentative pour ordonner le monde, on se rabat sur l'idée que la science devrait justifier, légitimer, et pourquoi pas imposer le « désordre ». Idéologie, oui, mais pas si nouvelle au fond ; disons qu'il s'agit de la forme contemporaine du scientisme...

12

# Jacques Attali * : prospecteur d'horizon

*A quarante ans, ce brillant polytechnicien-énarque publiait son sixième essai. Comment fait-il, tout en étant conseiller spécial auprès du président de la République (de 1981 à 1991), pour rester un intellectuel passionné par tous les nouveaux paradigmes qui marquent notre époque ?*

*On le savait professeur d'économie à l'École polytechnique, et voilà que Jacques Attali trace de nouvelles perspectives pour la musique, la médecine, les instruments de mesure du temps et, évidemment, pour l'économie, avec pour seul point de départ possible le concept de la « crise ». Pour analyser celle-ci, il distingue trois modes de pensée correspondant à trois réalités : celle de l'échange et de la régulation, où la crise n'est qu'un écart hors de l'équilibre ; celle de la production, où la crise dévoile les contradictions qui sont le moteur de l'histoire ; et la nôtre, celle de l'organisation, où la crise est une restructuration permanente, une réécriture perpétuelle du manuscrit de l'histoire.*

*Selon Jacques Attali, le pouvoir est aussi caractérisé par*

* Économiste, président de la Banque européenne de reconstruction et de développement - BERD.

*sa capacité à gérer la violence, dont les deux dimensions essentielles sont le lieu où on la localise, et la date à laquelle on la canalise ; il en découle que tout processus qui mesure le temps enserre la violence et reflète nos libérations et asservissements respectifs. Autrement dit, à chaque grand carrefour du pouvoir, changent aussi la mesure et la conception du temps : le* gnomon, *la clepsydre, l'horloge ou la montre à quartz sont des signes annonciateurs de ces profondes ruptures de l'ordre social. Ces instruments de mesure, véritables « pièges à temps », sont d'exceptionnels indices de l'essence des sociétés qu'ils rythment, car la notion même de pouvoir est indissociable du contrôle du temps d'autrui, donc de l'homme lui-même.*

*Chaque société n'existe qu'à partir d'une conception de l'histoire, d'une maîtrise de son calendrier : le « temps des dieux » est le temps rituel des sociétés archaïques de l'Antiquité ; le « temps des corps » est le temps laïque de l'essor citadin médiéval ; le « temps des machines » est celui de la révolution industrielle qui trouve sa source dans les machines qui scandent le temps et en font une valeur. Apothéose et métamorphose, enfin émerge le « temps des codes », envahi par des micromachines chronologiques inaugurant l'ordre ultime où l'homme, devenu artefact, rejoue son rôle primitif d'horloge pour lui-même. Voici les perspectives : soit le « temps propre » devient une contrainte sociale de normalisation, soit il instaure un nouvel espace de liberté ; c'est donc dans cette alternative entre « l'enfer » ou « le paradis » que le politique jouera un rôle décisif. Or c'est en utilisant de façon créatrice cette nouvelle technologie qui offre des moyens considérables de dépassement de soi qu'on pourra forger une véritable culture de la maîtrise du temps, donc du sens de la vie.*

## Bibliographie

*Bruits*, PUF, Paris, 1977.

*L'Ordre cannibale*, Grasset, Paris, 1979.

*Les Trois Mondes*, Fayard, Paris, 1981.

*Histoires du temps*, Fayard, Paris, 1982.

*La Figure de Fraser*, Fayard, Paris, 1984.

*Lignes d'horizon*, Fayard, Paris, 1990.

# I*

*Votre démarche frappe par sa synthèse interdisciplinaire, appliquant les théories de la thermodynamique, de l'information ou de la cybernétique à l'économique, au politique et au social. Pourtant Popper disait déjà : « La science est un mythe clarifié par la critique »...*

— La démarche de Popper concernant le concept du vrai me paraît parfaitement adaptée aux sciences humaines. Lors de toutes les grandes crises de la pensée, les théoriciens de la société recherchent des métaphores utiles et les trouvent dans les sciences exactes ; aujourd'hui, la métaphore utile est sans doute fondée sur les théories de l'information et tourne autour du paradigme encore très flou de « l'ordre par le bruit ». Il me paraît devoir être au centre des sciences physiques et humaines de demain, comme la mécanique était au cœur des métaphores fondatrices des théories sociales aux XVII^e et XVIII^e siècles et la thermodynamique était la toile de fond des théories physiques et sociales au XIX^e siècle.

* Entretien de 1984.

*Si la thermodynamique, liée à la révolution industrielle, prônait l'idéologie du progrès, quelle serait la conception socio-culturelle reflétée par ce nouveau paradigme ?*

— Selon la théorie de l'ordre par le bruit, un ordre n'existe, une forme ne se maintient que si elle est capable de faire circuler des informations ayant un sens pour chacune de ses parties. De ce fait, lorsqu'un bruit agresse une forme, il commence par y être un « parasite », en interceptant la communication, et donc en réduisant le sens. Mais il peut aussi y créer du sens — à un autre niveau d'organisation —, c'est-à-dire recréer une complexité, une forme : le désordre devient créateur d'ordre ; il n'y a alors plus de progrès en soi, mais des formes provisoires, en perpétuel danger d'être agressées par des bruits, eux-mêmes réorganisateurs de formes neuves.

Ce paradigme permet d'esquisser une théorie sociale : un ordre social n'existe que lorsque les modes de communication entre ses membres confèrent une signification cohérente aux informations qu'ils échangent ; la survie du groupe dépend alors de sa capacité à gérer les parasites, autrement dit à canaliser ce qui dérange, à éliminer ce qui agresse, à prévenir la violence, à donner un sens au bien et au mal. L'apparent paradoxe de ce paradigme est que le mécanisme qui détruit le sens est justement celui-là même qui fait naître le sens nouveau. D'une certaine façon, on peut dire que le sens de la forme y remplace le sens du progrès.

*Justement, si les trois ordres qui ont marqué l'histoire — le rituel, l'impérial, et le marchand, fondant le maintien de l'ordre sur le mythe, la force et la marchandise — atteignent leur fin, quel nouvel ordre permettrait de conjurer la violence actuelle ?*

— Un bref survol panoramique est nécessaire pour esquisser une réponse à cette question. Je fais l'hypothèse que, aux origines, chaque homme désire s'approprier la force de l'autre, et pour cela, le consommer, le manger même. Cela est, selon moi, à la source de toute violence primitive. Dans les premières sociétés, le rituel organise la canalisation de cette violence dans le sacrifice du bouc émissaire et l'échange des objets ; le système impérial cherche, lui, à donner un sens à la violence et à la conjurer par la force et non plus par la peur ; à partir du XIIe siècle, l'ordre marchand introduit une nouvelle gestion de la violence, par la monnaie. Chacune de ces sociétés a son éthique, son bourreau, son maître, son élite, ses guides que je nomme vigiles, guetteurs et chasseurs, son cœur, ville-phare de la forme, et sa périphérie, où règnent la misère et le désordre comme conséquence de la complexification et de l'ordre du cœur.

Or, ce que je montre, de livre en livre (et que je ne peux qu'esquisser ici), est que l'ordre marchand se dissout aujourd'hui et que l'ordre en devenir dans la crise actuelle est celui des « codes », où tout risque de devenir objet biologique industriel, y compris les comportements de l'homme, jusque l'homme lui-même, produit et consommé comme un objet marchand. Dans ce scénario du futur, que je ne souhaite pas mais qui s'esquisse là où on n'y résiste pas, la conjuration du mal y est intériorisée à la norme de chaque chose et chaque homme y devient le gestionnaire de la violence qu'il subit et s'inflige. Il n'y a plus, à la limite, dans cet ordre, de bourreau, ou de vigile identifiable : chacun y sera son propre bourreau. L'enjeu d'aujourd'hui est donc d'éviter cet avenir pour faire en sorte que l'homme des sociétés hyperindustrielles fasse surgir une forme où la liberté de création se substitue à la violence elle-même, sans pour autant qu'une périphérie ne paie par sa misère le prix de la liberté du cœur.

*Dans ce cas, de quelle façon la métaphore paradoxale de* La Figure de Fraser, *ou plutôt votre théorie générale des formes serait-elle apte à expliciter la crise, ce lieu d'émergence d'un nouvel ordre social ?*

— Cette métaphore éclaire la dualité de l'histoire : à la fois sens et mouvement, immobilité et répétitivité. Au fond, la seule chose immobile dans l'histoire, c'est la façon dont les formes, naturelles et sociales, naissent et disparaissent. Ce qu'on appelle communément la crise est donc l'état permanent de toute réalité : une forme est toujours en tension vers un idéal, en réalisation ou en destruction ; et la « non-crise » est un moment extraordinairement fugace, une utopie volatile entre deux périodes de crise, de réécriture du texte de l'histoire du monde.

*Le rythme des crises ne s'est-il pas cependant accéléré avec l'avènement de la modernité ?*

— Oui, on a en effet l'impression que s'accélère le rythme selon lequel se modifient les formes. Et puisque de plus en plus de temps est accaparé par la « marchandise », les crises marchandes apparaissent comme de plus en plus nombreuses ; comme si les sociétés se récrivaient de plus en plus vite. Mais il faut néanmoins se garder d'un jugement hâtif : notre point de vue est subjectif, parce que nous regardons les choses de l'intérieur, parce que nous analysons *la* crise lors d'*une* crise. Or, si l'on examine les trois ordres précédents, chacun d'eux a, en fait, dominé le monde pendant un laps de temps de plus en plus court. Et à l'intérieur de chaque ordre, les formes se sont succédé à des rythmes de plus en plus rapides au fur et à mesure qu'on approchait la fin de l'ordre lui-même. Nous arrivons donc peut-être non seulement au moment du délitement d'une forme, que je décris comme la neuvième version de l'ordre marchand, mais à l'orée de la destruction de cet ordre lui-même. Et c'est ce qui donne ce sentiment d'accélération de l'histoire.

*Comment la « logique des formes », dont Platon a déjà souligné l'importance, pourrait-elle conduire non pas à moins d'État mais à un autre État ?*

— L'histoire des sociétés est celle d'un changement des rôles de l'État. Dans l'ordre marchand, non seulement il reste chargé du maintien de l'ordre, réel et symbolique, mais il est aussi une sorte de guide du développement de l'*autonomie marchande de l'individu* en organisant, par ses institutions, ce que j'appelle la *production de la demande* des biens marchands. Autrement dit, l'État produit l'environnement social et idéologique et distribue les revenus nécessaires à la solvabilisation de ces besoins : successivement le vêtement, la montre, la machine à coudre, l'automobile, la machine à laver, le tourne-disque, la télévision. L'État aide à l'extension de l'autonomie marchande.

*On a pourtant l'impression du contraire, c'est-à-dire que l'État prend davantage le relais...*

— Ce n'est pas l'État qui prend le relais, mais la « marchandise » qui s'étend et canalise les rivalités, en faisant passer du désir de manger l'autre au besoin de consommer les marchandises qui se substituent à l'autre.

Une des causes majeures de toute crise est l'alourdissement du processus social et idéologique de cette production de demande et la nécessité de son extension. Lorsqu'une forme atteint son apogée, le coût de son organisation l'oblige à transformer des institutions de production de demande en industries de production d'offre, des services non marchands en des objets marchands, l'État aidant à soutenir la demande de ces biens nouveaux par des institutions nouvelles. C'est le cas aujourd'hui avec ceux des services publics et privés qui forment le cœur des institutions modernes, l'éducation et la santé.

De crise en crise, l'État et les systèmes non marchands de production sociale laissent ainsi un champ accru à l'objet marchand, copies de la force de l'autre. Le champ occupé par l'État des sociétés industrielles développées se trouve ainsi déporté vers le cœur de la vie privée, s'insinuant jusque dans la sphère la plus intime des activités humaines. Alors qu'auparavant l'État se préoccupait, hors de sa dimension d'autorité réelle et symbolique, plutôt de choses prosaïques, et produisait une demande de biens matériels très simples, aujourd'hui, il doit produire une demande de biens d'un genre nouveau qui touchent au corps et au savoir. Des technologies de l'informatique à la biogénétique commencent à émerger, permettant de produire plus vite les objets existants et de créer des objets nouveaux capables de rendre ces services ; surgissent ainsi des machines de soin et d'éducation, formant un gigantesque continuum que j'ai appelé la « chrono-vidéo-industrie ». Produire la demande et l'offre de ces biens et inciter à leur usage créatif et libérateur devient alors un des axes les moins classiques, mais les moins contournables de toute politique de sortie de crise.

*Mais toutes ces nouvelles machines de la « chrono-vidéo-industrie » ne sont pas particulièrement culturelles...*

— Vous avez raison. Elles concernent toute la société, et la sortie de crise aura lieu en priorité dans les pays qui réuniront les moyens financiers, technologiques et culturels nécessaires à l'expansion de cette « chrono-vidéo-industrie ».

*Ne croyez-vous pas qu'une éducation est nécessaire pour faire accepter ces technologies avant-gardistes ?*

— Oui, elle se fait, et se fera par toutes les institutions sociales, de la musique ou du jeu en passant par l'école et la famille. Le débat politique restera cependant intact entre la droite et la gauche : dans la nouvelle forme, on pourra en effet soit permettre, soit interdire le développement de la liberté pour tous, sur ces terrains radicalement neufs, ceux du corps et du savoir, terrains qu'on ne peut déceler qu'à partir d'une analyse de l'histoire longue, d'une philosophie de l'histoire.

*N'est-il pas paradoxal que, conseiller du prince, vous citiez le taoïsme, « le sage gouverne par le non-faire », et prôniez la révolte et la subversion, afin que « les libertés ne soient pas détournées en objets marchands » ?*

— Il y a toujours eu une dialectique entre le pouvoir et sa négation : s'il va au bout de lui-même, le pouvoir a vocation à asservir l'homme. Il peut aussi, à l'inverse, aider l'homme à augmenter sa capacité à lui résister.

*Ne semblez-vous pas prôner ainsi une certaine marginalisation ?*

— Non, sinon que c'est toujours des marges que viennent ceux qui dérangent et regénèrent les formes. L'ordre marchand lui-même est d'ailleurs né aux marges des derniers grands empires, et la marginalité est, encore aujourd'hui, à la source de marchés économique porteurs et de l'ordre des codes. Les idées des marginaux de l'avant-crise participent toujours à la naissance des valeurs de l'après-crise. Ainsi, lorsque les marginaux des années soixante prônaient le droit de chacun à s'éduquer et à se soigner soi-même, ils se faisaient, sans le savoir, les meilleurs agents de publicité de ces futures machines dont ils ne soupçonnaient ni l'existence ni le rôle dans le dépassement de la crise économique, au sens le plus économique du mot.

*Ces idées dégagent, néanmoins, une connotation élitiste, car il faut « déjà » être informé pour avoir recours au* self-help...

— Non, c'est inexact ; et c'est bien tout le problème : puisqu'il s'agira d'une consommation de masse, l'homme risque en fait de n'avoir qu'à surveiller sa conformité à une norme assez simple et grossière, pour que tous puissent s'y soumettre.

*Nous voilà en plein scénario orwellien : une société composée d'individus atomisés, entourés de machines miracles, mais ne sachant plus communiquer entre eux...*

— C'est là où réside l'ambiguïté politique de l'ordre de demain, car ces machines pourront aussi bien être libératrices (si elles sont associées aux maîtres et aux médecins dont le rôle devra être promu) qu'auxiliaires de police (si rien n'est fait pour les inscrire dans un projet culturel d'ensemble). A la différence d'Orwell, je ne crois pas à la probabilité d'un ordinateur central dans le futur ; tout le pouvoir social sera en fait dans les codes qui structureront ces machines, c'est-à-dire qu'il appartiendra à ceux que je nomme les « matriceurs », qui fabriqueront les codes. Tout se passera comme dans l'homme lui-même où il n'y a pas de « centre de pouvoir » sinon le code génétique ou même le code commun à tous les codes biologiques.

*Malgré ces spéculations futuristes, vous avez soutenu que « l'avenir est présent dans son passé », tandis qu'Abraham Moles pense le présent à partir du futur...*

— Pour penser le quotidien, tout économiste, tout philosophe de l'histoire doit comprendre comment fonctionnait le rituel de l'échange dans les sociétés primitives et en dégager les invariants. L'idée d'Abraham Moles renvoie à quelque chose de très différent, mais pas contradictoire, au futur pensé à travers la théorie du hasard.

*Ainsi le temps peut-il être mécanique et réversible pour Newton, thermodynamique et irréversible pour Bolzmann, alors qu'Ilya Prigogine évoque la multiplicité des « temps internes » coexistant dans l'unité du « temps universel »...*

— Prigogine a très bien expliqué la simultanéité de deux temps dans des paradigmes différents. Il nous faut appliquer à l'histoire l'idée que le temps est à la fois universel et propre à chaque individu. Ce qui renvoie à l'idée que j'ai évoquée tout à l'heure, à savoir que chaque individu va, plongé dans le temps universel des ordres, trouver son temps propre et surveiller pour lui-même le respect de leurs rythmes. Le pouvoir aura alors à rendre cohérents ces temps multiples, et à harmoniser les rituels qui les scandent, et qui donnent un sens au bien et au mal.

*Le sens de l'histoire ne serait-il pas justement lié à une éthique, à la maîtrise du « désordre » et du « bruit » afin que l'homme puisse survivre ?*

— L'histoire est avant tout quête inassouvie de la liberté contre la barbarie. Elle utilise toujours le désordre, le mal, comme signe annonciateur de l'urgence d'un dépassement de soi. Là encore, comme dans toute chose, le mal peut être source de bien.

*Serait-ce dans le sens de Nietzsche : « Tout ce qui ne me tue pas me fortifie » ?*

— Dans un tout autre contexte, c'est à peu près la même chose : une collectivité qui ne sait pas percevoir ce qui la menace n'a aucune chance de survivre. La conscience du danger et l'existence d'un idéal de justice et de liberté à défendre sont deux conditions de la survie d'une société ; mais elles n'en sont pas la garantie.

## II*

*Pourquoi soutenez-vous que le « désordre », c'est-à-dire la crise, est l'état naturel du monde, alors que l'« ordre », la croissance, est l'exception ?*

— Cela est difficile à résumer en quelques lignes. Je dirais seulement qu'on constate historiquement que le « désordre » dans la nature est plus probable que l'« ordre » car celui-ci est local, isolé. C'est précisément cela que Prigogine a montré avec ses « structures dissipatives » en physique, c'est cela que tous les grands biologistes démontrent aujourd'hui pour la nature vivante et c'est aussi vrai pour la société. Ce qui amène à penser que, contrairement à ce qui est généralement répandu, la crise, le désordre ne sont pas l'exception mais plutôt l'état naturel des choses ; alors que l'ordre, la non-crise, c'est la singularité. Autrement dit, il peut exister des formes localement et provisoirement en « ordre » dans un océan de « désordre », et une forme sociale peut durer là où la communication permet la négociation. Là où la violence est contrôlée par un sens. C'est-à-dire qu'une « forme » exige, pour s'installer et durer, la mise en ordre de la violence.

---

* Entretien de 1990, concernant *Lignes d'horizon, op. cit.*

*La crise serait-elle créatrice d'un nouvel ordre ?*

— Pas la crise en elle-même ; celle-ci serait plutôt symptomatique de l'incapacité de l'ordre antérieur de maîtriser la violence. Mais c'est, en effet, au sein de la crise que se réorganise une nouvelle forme sociale de gestion de la violence et de mise en ordre.

*Pourquoi, à la veille du III^e millénaire, a-t-on tendance à faire du marché le maître de la cité ?*

— Ce n'est pas le maître de la cité ; il se trouve seulement que l'argent ou le marché (ce qui revient au même) dominent de plus en plus les rapports sociaux à l'échelle de la planète. Il est donc naturel d'en faire un élément déterminant, une nouvelle forme de gestion de la violence. Historiquement, ont existé trois modes successifs de la gestion de la violence : le *sacré*, la *force* et l'*argent*. Chacun contient la violence, lui donne un sens, la limite au tolérable et évite qu'elle ne détruise les formes sociales existantes. Mais lorsque l'évolution fait qu'un mode de gestion de la violence ne suffit plus, les sociétés s'effondrent, d'autres modes apparaissent qui le remplacent. Depuis le XIII^e siècle, c'est l'argent qui s'impose comme canalisateur de la rivalité. Sa domination s'est généralisée socialement et géographiquement, et dans tous les pays il a envahi un nombre de plus en plus important de rapports sociaux. Il a ainsi pris le pas sur le sacré, et même sur la force : ceci est évident aujourd'hui avec la soumission au pouvoir de l'argent d'un très grand nombre d'États qui, antérieurement, pensaient que le rapport de force dominait. Il n'empêche que l'argent n'est pas pour autant le maître de la cité puisqu'il reste heureusement une large place pour le politique et le religieux.

*Et l'entreprise ? Serait-elle devenue l'horizon indépassable de la société ?*

— Rien n'est indépassable, tout est réversible et tout est éphémère. Il existe d'ailleurs des entreprises hors marché qui fonctionnent en système planifié. L'entreprise n'est donc pas le signe essentiel, la caractéristique même de l'ordre marchand. Ce qui l'est par contre c'est le fait qu'elles échangent les unes avec les autres grâce au marché. L'entreprise, au sens économique, traditionnel du mot, n'est que l'un des acteurs parmi bien d'autres du marché.

*Assistons-nous à un culte de l'entreprise comme matrice d'une nouvelle idéologie ?*

— Je n'y crois pas. Je pense au contraire que l'entreprise est encore ressentie comme étant en décalage avec les nouvelles valeurs de la société. Parce qu'elle reste un lieu de hiérarchie, de conformisme et souvent — en tout cas pour l'essentiel de ceux qui y travaillent — de soumission et même, en certains cas, d'exploitation, ce qui est aux antipodes des idéaux modernes.

*Même quand il s'agit du nouveau management qui abolit justement le taylorisme que vous dénoncez, en remplaçant les rapports hiérarchiques par des réseaux ?*

— Je voudrais bien connaître une entreprise qui ressemble à un tel modèle...

*Les patrons ne seraient-ils donc pas devenus les figures emblématiques de la modernité ?*

— Certainement pas. Ils sont des aventuriers et des innovateurs, mais parmi beaucoup d'autres. Je crois que la vraie figure emblématique de la modernité, c'est le « créateur » : le créateur de mots, le créateur d'idées, le créateur de logiciels, le créateur d'images, car notre société devient chaque jour davantage une société « iconique ». Nous en avons besoin pour la télévision, pour le cinéma, mais aussi pour la gestion, la médecine et l'éducation. Tous les domaines vitaux de notre vie sont désormais commandés par elles. De ce fait, les images simulées par ordinateur sont l'élément central de notre rapport au réel.

*Et pour revenir à notre sujet principal : pourquoi n'y aurait-il pas de démocratie durable sans marché ?*

— C'est un sujet magnifique sur lequel il existe très peu de littérature, et pour faire court, je dirais que démocratie et marché sont inséparables, parce que l'une et l'autre sont seuls fondés, comme systèmes politiques, sur le principe de la *réversibilité*. Il n'y a ni marché ni démocratie sans réversibilité. Par contre, la dictature et la planification la nient. On ne peut donc pas avoir de réversibilité économique sans réversibilité politique. C'est en cela que démocratie et marché sont, à mon avis, indissociables. Partout : aussi bien à l'Est qu'à l'Ouest, au Nord qu'au Sud, la démocratie gagne du terrain, et avec elle les forces du marché se libèrent.

*Que veut dire réversibilité en démocratie ?*

— C'est ce qu'on appelle plus prosaïquement l'« alternance », c'est le fait qu'on puisse changer d'avis, décider à un moment donné que ce qu'on a planifié pour le long terme n'est plus valable. Autrement dit, la démocratie comme le marché font l'apologie de l'éphémère dans le sens où il faut changer de voiture, changer d'objets. Changer sans cesse, c'est la condition même de fonctionnement de la société actuelle.

*Mais si la démocratie et le marché changent simultanément mais ne coïncident plus, que se passe-t-il ?*

— Il se passe ce qui se passe toujours quand les deux sources d'éphémère du politique et de l'économique ne sont pas en phase ; et comme ils sont supposés agir dans des sphères d'action différentes, en principe cela n'est pas trop grave. Ce qu'il faut éviter par contre, c'est que l'éphémère touche aux racines mêmes de la démocratie, c'est-à-dire qu'on peut admettre l'éphémère *dans* la démocratie, mais non *de* la démocratie. Cependant, le marché peut, s'il n'est pas organisé, « tuer » la démocratie.

*L'exemple de l'Europe de l'Est démontrerait-il que la liberté d'expression est une condition nécessaire, si pas suffisante, pour exploiter économiquement le progrès technologique ?*

— Je crois qu'il n'y a pas de progrès économique sans progrès technologique, pas de progrès technologique sans innovation, pas d'innovation sans droit de créer, pas de droit de créer sans liberté d'information, et sans celle-ci, il n'y a pas de démocratie. C'est en cela que progrès technologique et démocratie sont intimement liés.

*Une percée technologique ne serait-elle donc pas envisageable en régime totalitaire ?*

— Sauf à se fonder durablement sur l'achat ou le vol de l'innovation chez les autres, puisqu'on ne la laisse pas s'épanouir librement chez soi. Même si de grandes innovations ont été faites dans les sociétés totalitaires, elles n'ont été ni aussi nombreuses, ni aussi durables que dans les sociétés démocratiques, car il n'y a pas d'innovation sans le droit de critiquer l'idéologie dominante. Nous sommes aujourd'hui à la fin d'une crise et à l'aube d'une telle mutation. Ce qui se passe à l'est de l'Europe s'y inscrit. C'est la première révolution non sanglante de l'histoire...

*Alors, faute de combattants, la guerre idéologique s'arrête-t-elle avec le ralliement universel au libéralisme ?*

— Non, car il n'y a pas de ralliement, mais plutôt constatation de la loi du marché. Et à l'intérieur de celle-ci, on éprouve le besoin d'avoir des projets de société : qui a droit à la liberté ? Est-ce qu'elle est celle du plus fort ou celle de tous ? Dans un pays particulier ou à l'échelle de la planète ? Tout cela provoque d'importantes bifurcations, dont chacune ouvre une voie inédite pour de nouvelles idéologies.

*Je pensais que le marché n'avait justement pas besoin d'idéologie...*

— Les hommes en ont besoin. C'est pourquoi dans les sociétés de marché sans idéologie, on voit revenir au galop des croyances religieuses parmi les plus traditionnelles.

*N'est-il pas paradoxal que les États-Unis ne contrôlent plus le monde, au moment même où le capitalisme l'emporte partout ?*

— Certes, mais on aurait pu tout aussi bien dire qu'il était paradoxal de voir, au début du XXe siècle, au moment où le capitalisme l'emportait presque partout, la grande puissance capitaliste qu'était alors l'Angleterre commencer à décliner. Cela est dû au fait que le capitalisme ne se confond pas avec ses « maîtres » provisoires.

*Et qui serait donc le porte-drapeau du capitalisme de l'an 2000 ?*

— Le Japon ou l'Europe, car l'issue de cette compétition n'est pas encore jouée. Même si le Pacifique bénéficie aujourd'hui d'une longueur d'avance (le Japon domine ses marchés, l'épargne, et produit les biens de consommation de l'avenir), l'Europe dispose de sérieux atouts potentiels comme l'Europe du Sud.

*Les deux grandes superpuissances militaires sont donc en déclin au moment même où le neuvième « cœur mondial » est convoité par les deux nouveaux géants économiques ?*

— Exactement, les deux puissances militaires centrales sont en déclin économiquement et stratégiquement, en tout cas en valeur relative. Ce déclin laisse donc la place à deux toutes nouvelles puissances : le Japon et le cœur de l'Europe qui ont vocation, d'une part, à remplacer les USA et l'URSS au sein de leurs deux espaces et, d'autre part, à être rivales l'une de l'autre pour la domination de l'ensemble du monde marchand.

*De quelles conditions dépendra alors la probabilité de fixer le nouveau cœur mondial au Japon ou en Europe ?*

— Le Japon connaît une importante avance technologique et culturelle ; il est très bien placé par rapport aux secteurs de pointe ; il possède une forte productivité et maîtrise les technologies de la manipulation de l'information qui sont indispensables pour demain. Mais il a aussi de sérieux handicaps : sa fragilité, son isolement géographique, le fait d'avoir besoin de moyens de transport maritimes et aériens rapides à cause de sa grande distance des marchés importants. Alors que l'Europe, au contraire, est un continent terrestre ayant une forte population de 600 millions d'habitants à portée de voiture ou de train. Le commerce dépend du chemin de fer et non pas de l'avion. Il s'agit donc d'un formidable atout économique, et, si elle sait rattraper ses retards technologiques et se restructurer en vue de la guerre économique, elle peut gagner. Autrement dit, si l'Ouest de l'Europe sait associer l'Est du continent à son devenir, il pourra prétendre au statut de cœur de l'économie mondiale, devenir son espace le plus peuplé, le plus riche et le plus créatif. Sinon, ce sera le Japon...

*L'Europe a-t-elle des chances de rattraper ce retard technologique ?*

— Oui, car elle a de forts avantages technologiques tout particulièrement en biologie, en génétique, en logiciels et en manipulations informatiques, qui seront essentiels dans les outils de demain. A condition de lutter contre la concurrence étrangère sans esprit de revanche, en ayant simplement conscience que les autres pays sont, pour l'instant, les meilleurs, je crois que l'Europe a les moyens d'être la première. Mais il faut pour cela avoir une volonté stratégique à très long terme et ne pas se contenter de penser le conflit à court terme comme on le fait trop souvent dans les entreprises privées.

*A quelle nécessité techno-économique correspond le déplacement du huitième cœur, c'est-à-dire de New York vers le nouveau cœur ?*

— Dans le huitième cœur, tout se tient du côté de l'énergie, on utilise l'électricité, du côté des biens de consommation — l'électro-ménager. Il s'agit donc d'une période qui est caractérisée par la « merchandisation » des services féminins. C'est l'ère de la machine à laver, de la TV et de la famille nucléaire. Tandis qu'au cours de la neuvième « forme » on verra la prise en charge individuelle, grâce à ce que j'appelle les « objets nomades », de deux services collectifs incontournables : la santé et l'éducation.

*Que pensez-vous de la Confédération européenne de l'Atlantique à l'Oural ?*

— L'espace européen dont je parlais tout à l'heure aura besoin d'institutions communes, continentales, et le seul régime juridiquement efficace qui lui permettra de concerter ses politiques étrangères et ses stratégies de défense, c'est une confédération. Il y aura donc une construction européenne, l'union à Douze ; au-dessus, une édification supra-européenne, une confédération, et en dessous, un rapprochement tout naturel des deux Allemagne. Reste à savoir qui dominera cet immense espace, et où se situera le « quasi-cœur » du continent européen. La région qui s'étend de Londres à Milan me paraît la mieux placée.

*Mais comment cette Confédération européenne pourrait-elle surmonter ses clivages linguistiques, économiques et même politiques ?*

— Puisque le monde devient déjà un « village global », les gens vont d'autant plus se rendre compte que l'Europe est vraiment très petite : Londres, Rotterdam, Francfort ou Paris se trouvent à quelques heures de TGV. Ces différences seront donc vite conçues non plus comme des « inconvénients », mais plutôt comme des « avantages ». Or, si l'Ouest de l'Europe progresse vers son unité, si l'Est réussit sa démocratisation, si les deux savent inventer des manières audacieuses de se joindre, il n'est pas exclu que l'espace européen puisse devenir le neuvième cœur de l'économie mondiale. Avec un prodigieux surcroît d'effort, de créativité et de travail, l'Écu pourra même l'emporter sur le yen. Et les valeurs du Vieux Continent — liberté et démocratie — s'étendre à la planète tout entière.

*Puisque à chaque nouveau cœur correspond une nouvelle technologie qui marque cette forme marchande, quelle serait alors la spécificité des « objets nomades » de demain ?*

— Les objets nomades sont d'abord apparus dans des secteurs apparemment anecdotiques de l'économie : baladeurs et téléphones portatifs transforment la consommation culturelle et la communication ; l'ordinateur personnel et le téléfax, devenus portables, ont déjà commencé à bouleverser l'organisation du travail. Il s'agit là des précurseurs presque dérisoires d'objets bien plus importants, en passe de devenir des produits industriels de masse, sources de gigantesques chiffres d'affaires industriels structurant un nouvel ordre économique, social et culturel. D'autres biens nomades apparaîtront permettant la transformation en objets individuels (produits en série et donc créateurs de profit) de deux services aujourd'hui particulièrement coûteux : la santé et l'éducation. Il y aura d'abord des instruments d'autodiagnostic médical, puis d'automédication, enfin des prothèses médicales. Ces objets contribueront à réduire le coût de la demande en transformant des services à la charge de la société en objets créateurs de valeur. Il faudra alors moins de médecins, mais plus d'ingénieurs et d'informaticiens pour concevoir ces objets novateurs.

*Mais le* self-help *n'est-il pas élitiste puisque l'« autodiagnostic » nécessite* a priori *une certaine culture ?*

— Vous avez tout à fait raison, le grand problème de demain consistera dans le fait qu'il n'y aura pas seulement d'inégalité à cause de l'argent mais aussi une inégalité informationnelle : quiconque sera bien informé sera en position privilégiée pour utiliser ces objets nomades de demain. L'information sera donc un moyen de survie, et le pouvoir appartiendra à ceux qui sauront la créer et la manipuler.

*Certains annoncent d'ailleurs une « civilisation de l'information », alors que pour vous l'avenir sera hyperindustriel...*

— C'est clair que nous n'allons pas vers une société pacifiée où les services auraient pris le pas sur l'industrie, comme il est de bon ton de le prétendre, mais au contraire vers une société hyperindustrielle où dominera une concurrence impitoyable pour la production et la consommation de biens utilisant justement de l'information, rendue rare pour être vendue. Les logiciels seront intégrés aux ordinateurs, c'est-à-dire que l'information fera partie des objets industriels eux-mêmes. Les services n'auront de sens et ne seront porteurs de puissance que s'ils servent au développement de l'industrie. Et les services qui existent uniquement pour la spéculation financière ne seront ni porteurs ni créateurs de valeur ajoutée.

*Pourquoi cette devise : « Se former et s'informer » ?*

— Parce que « être en forme » ou « être informé », c'est-à-dire disposer des moyens de connaissance permettant à la fois de se soigner, de s'éduquer et de trouver du travail sont les conditions indispensables de la survie dans les sociétés de demain.

*Vous dites aussi : « Il faut être conforme ou être exclu » ; serait-ce cela la liberté de l'an 2000 ?*

— C'est une constatation, ce n'est pas un jugement de valeur.

*C'est-à-dire que l'an 2000 sera encore plus dur que le présent ?*

— Sans aucun doute.

# II

## *L'intelligence artificielle : mythe ou réalité ?*

## L'INFORMATIQUE, RÉVOLUTION COPERNICIENNE DE L'INTELLIGENCE ?

L'informatique, la télématique, la robotique marquent notre vie et représentent d'importants enjeux politico-économiques. Deviendrons-nous, sous l'empire d'une technologie toujours plus efficace et triomphante, une société automatisée, atomisée ?

Pourtant, il ne dépend que de notre propre volonté que cette « culture informatique » évolue dans le sens orwellien de l'isolement, ou devienne au contraire un instrument de solidarité sociale[1]. Saurions-nous donc concevoir des « robots pensants » susceptibles de s'autoréviser grâce à leur intelligence artificielle, capables ainsi de « coopérer » avec leurs concepteurs humains ? Cette interrogation divise actuellement l'« Artificial Intelligentsia[2] » américaine.

Construire une intelligence de synthèse : autour de ce formidable défi, vieux de vingt-cinq ans, une nouvelle discipline s'est constituée, l'intelligence artificielle. Elle se situe

1. Voir, *infra*, l'entretien avec Seymour Papert.

2. Ainsi nommée par le brillant informaticien du MIT Joseph WEIZENBAUM dans son livre *Computer Power and Human Reason*, W.H. Freeman, San Francisco, 1976 (trad. française : *Puissance de l'ordinateur et raison de l'homme*, Éditions d'informatique, 1981).

à la croisée de la cognition, des neurosciences et de l'informatique, cherchant à comprendre la pensée et le comportement humain afin de les reproduire artificiellement.

Quelle signification attribuer à ses succès, à ses échecs ? Entre la foi du Prix Nobel *H.A. Simon*, de l'université Carnegie-Mellon, qui soutient que « nous n'aurions pas à pousser la science computique bien loin pour "produire" un président aussi qualifié que certains président récents des États-Unis », et le doute fécond du brillant informaticien de l'université Stanford *Terry Winograd*, pour lequel « l'ordinateur ne sera jamais capable de faire face à toutes les situations imprévues, car il ne possède pas l'aptitude spontanée du cerveau[3] », il y a place pour une réflexion philosophique. Dans une analyse pénétrante, *Hubert Dreyfus*, informaticien devenu philosophe à l'université de Berkeley, examine minutieusement les programmes de recherche de l'intelligence artificielle et décèle leurs faiblesses. Selon lui, « les machines n'auront jamais assez de connaissances pour appréhender la complexité et la subtilité de notre monde », puisqu'elles ne possèdent ni corps ni intuition. Ce polémiste pertinent soulève le débat essentiel dont nos contemporains ne pourront pas faire l'économie : existe-t-il ou non, dans l'intelligence humaine, « quelque chose » qui puisse faire croire qu'aucune intelligence artificielle ne lui ressemblera jamais ? Pour le professeur *Heinz von Foerster*, biophysicien et l'un des pères fondateurs de la cybernétique, il s'agit bien évidemment du « libre arbitre », tandis que pour le professeur *Marvin Minsky*, informaticien au MIT et l'un des créateurs de l'intelligence artificielle, il s'agit plutôt de l'« humour », moteur du processus mental. La surprenante victoire remportée par un ordinateur jouant aux dames sur son propre concepteur a fait dire à *Norbert Wiener* que cet « incroyable pouvoir du "robot pensant" va inaugurer une nouvelle ère »...

Depuis lors, en effet, l'informatique domine notre existence. Les « systèmes experts » — programmes informatiques utilisant les connaissances des experts humains — se diversifient. Depuis 1965, « Dendral », le premier spé-

3. Voir, *infra*, l'entretien avec Pierre Lévy.

cialiste artificiel créé à l'université Stanford par *Edward Feigenbaum*, aide les chimistes avec une remarquable efficacité à déterminer la structure moléculaire des substances; « Prospector » examine minutieusement les cartes géologiques et les prélèvements de terrain pour déceler d'éventuels gisements.

Ainsi, l'« ingénierie de la connaissance », c'est-à-dire l'industrie du traitement de l'information, sera l'industrie dominante de l'an 2000. Remarquable à cet égard est l'ambitieux pari pour une cinquième génération d'ordinateurs qu'ont lancé les Japonais, ainsi que l'important projet de recherche conçu par la DARPA (Defence Advanced Research Project Agency), agence du Pentagone disposant d'environ 600 millions de dollars pour le développement de l'intelligence artificielle américaine.

# 13

## Heinz von Foerster* : pionnier de la cybernétique

*Galilée ayant évincé l'homme du centre géographique de l'univers et Darwin, de sa supériorité biologique, en quoi consisterait alors sa spécificité si l'intelligence artificielle le privait aussi de l'exclusivité créatrice ? En son « libre arbitre », bien évidemment, répond le professeur Heinz von Foerster, biophysicien viennois vivant aux États-Unis et l'un des pères fondateurs de la cybernétique et des nouveaux paradigmes tels que l'« ordre par le bruit », l'« autoorganisation » ou l'« autoréférence ».*

*En tant qu'éminent théoricien et directeur du célèbre Biological Computer Laboratory, centre de recherches interdisciplinaires de l'université de l'Illinois, il a beaucoup étudié les problèmes de l'information, de la mémoire ou de la cognition, et s'est évidemment intéressé à l'intelligence artificielle. Mais contrairement à l'optimisme de certains de ses hérauts, il ne croit pas que la pensée humaine soit programmable, puisque ses processus neuronaux ne sont même pas encore entièrement élucidés.*

* Biophysicien, université de l'Illinois.

## Bibliographie

*Observing Systems*, Intersystems Publications, USA, 1981.

*Nous assistons actuellement à l'émergence d'un nouveau paradigme du « désordre créateur », qui semble être au centre de travaux récents, en physique avec les « structures dissipatives » d'Ilya Prigogine, ou en biologie avec la « complexité par le bruit » d'Henri Atlan. Dans quelle mesure votre propre théorie de « l'ordre par le bruit » a-t-elle pu contribuer à fonder cette* scienza nuova ***?*

— Permettez-moi de l'appeler plutôt *scienza vecchia*, puisque certaines des notions que vous venez de mentionner avaient été élaborées depuis longtemps : ma propre théorie de l'ordre par le bruit fête cette année son quart de siècle. J'aimerais néanmoins raconter son élaboration.

Vers 1947, certains biologistes, mathématiciens et informaticiens se sont interrogés sur les nouveaux concepts qui venaient d'émerger en thermodynamique et dans la nouvelle science de l'informatique, et sur lesquels personne n'avait d'idées précises. Il s'agissait de notions telles que l'« ordre », le « désordre » ou l'« auto-organisation ». Or, lors du grand colloque intitulé « Les principes de l'auto-organisation », qui était censé (en 1959) élucider cette nou-

* Entretien de 1984.

velle problématique, les participants n'en crurent pas leurs oreilles : j'avais osé soutenir qu'il n'y avait pas de systèmes auto-organisateurs « isolés », puisqu'un environnement était nécessaire pour que ceux-ci puissent exister, et qu'il fallait surtout qu'un observateur puisse constater que l'auto-organisation avait vraiment eu lieu !

*N'est-il pas paradoxal que l'auto-organisation d'un système se nourrissant de l'énergie puisée dans son environnement lui inflige une entropie accrue, c'est-à-dire du « désordre » ?*

— Le contraire eût été paradoxal : l'ordre aurait-il pu être créé sans agent extérieur, sans environnement capable d'injecter de l'énergie dans le système ? On ne peut plus ignorer le fait que pour s'organiser, pour s'ordonner, tout système, tout organisme, est obligé de puiser de l'énergie hors de lui-même, c'est-à-dire dans son écosystème. En physique contemporaine, par exemple, les « structures dissipatives » d'Ilya Prigogine démontrent que l'« ordre par fluctuations » mène un système d'un état désordonné à un état ordonné. Autrement dit, le chaos donne naissance à l'ordre.

*A quoi faites-vous allusion lorsque vous dites que « les lois de la nature sont écrites par l'homme, alors que les lois de la biologie doivent s'écrire elles-mêmes » ?*

— L'attitude traditionnelle des physiciens, depuis Galilée et Newton jusque vers 1830, consistait à se considérer comme de simples observateurs extérieurs. Leur discours était le suivant : « Me voilà contemplant l'univers pour en découvrir le fonctionnement : je l'analyse de l'extérieur et, physicien "objectif", je découvrirai ainsi les lois du cosmos, mais je resterai cependant un observateur extérieur ! » Pourtant, à la même époque, les biologistes venaient de découvrir, à leur grande surprise, qu'ils étaient eux aussi des systèmes vivants — et s'ils allaient élaborer une biologie qui ne les inclurait pas, quelle serait alors la signification d'une telle science ? Or, lorsqu'un biologiste fait de la biologie, il est lui-même de la biologie décrivant la biologie : c'est ainsi que les lois de la biologie s'écrivent elles-mêmes, tandis que la position classique du physicien, stipulant qu'il analyse l'univers de l'extérieur, sous-entend que c'est lui, le physicien, qui écrit les lois de la nature.

*Comment avez-vous pu alors, en tant que physicien principalement préoccupé par la matière, contribuer à la création de la cybernétique, qui s'intéresse surtout aux « processus » et aux « relations », indépendamment de leur substance ?*

— Prenez le sens originel du mot « physique » : en grec, cela signifie « force », et celle-ci produit du mouvement qui se révèle dans la matière. Cette dernière n'est essentiellement que la substance grâce à laquelle les forces peuvent se manifester. Cela veut dire qu'un physicien, dans la signification originelle du terme, est justement intéressé par les interactions qui produisent ce que nous pouvons percevoir. Mais nous ne pouvons observer que la matière, et c'est pour cela qu'elle constitue le deuxième niveau, alors que le premier est constitué par celui qui agit sur elle ! Ainsi, on trouve quelques processus autoréférentiels : le biologiste, par exemple, doit se considérer comme étant au centre de l'univers qu'il veut décrire. Or la cybernétique est précisément la science qui conçoit une théorie de l'action pouvant rendre compte de sa propre opérationnalité ; elle offre ainsi un fondement mathématique, épistémologique et philosophique aux actions dans lesquelles l'opérateur/observateur est inclus dans le système, où il opère sur sa propre observation !

*La complexité d'un système ne serait-elle pas alors une question de niveau ? Elle n'existe que pour l'observateur extérieur qui ignore le code organisationnel du système, mais pas pour le système lui-même, puisqu'il s'en sert.*

— Si vous me permettez, je préférerais au terme « niveau », qui sous-entend une hiérarchie, celui de « perspective », puisqu'on tourne autour du même objet, mais en l'observant de points de vue différents. Ce que vous venez de dire est juste : en tant qu'observateur extérieur, vous pouvez établir un contact avec un « système observé », intégrant ainsi ses agissements. Le psychothérapeute, par exemple, même s'il est un élément extérieur, devient partie prenante du groupe et acquiert ainsi une nouvelle optique de lui-même et du système qu'il observe parce qu'il interagit avec lui. Il s'agit donc de la perspective, de la position, du point de vue où l'on se place pour pouvoir émettre des jugements sur le système, alors que celui-ci continue à agir selon sa propre complexité.

*La complexité serait-elle alors dans les yeux de l'observateur plutôt que dans la chose observée ?*

— Exactement.

*Pensez-vous que l'ordinateur — cette machine artificielle — serait capable, à l'instar de la cellule — cette machine naturelle — d'auto-organiser son programme au fur et à mesure de son exécution, pour faire face à des situations imprévisibles ?*

— La réponse est naturellement « non », puisque le programmateur n'assigne au robot qu'un programme préétabli ; celui-ci est évidemment incapable de faire autre chose. Vous avez bien fait d'utiliser le terme « robot » ; savez-vous qu'il fut inventé par un Tchèque nommé Karel Chapek. Ses robots, ayant compris leur triste sort, tentèrent de se révolter, mais, n'étant justement que des robots, ils ne purent même pas envisager un tel acte ! Par contre, Aristote avait été fasciné par des « automates » et s'était dit : « Évidemment, si je les ouvre, je n'y découvrirai qu'un mécanisme dérisoire ; mais si je garde la "boîte noire" fermée, alors je lui attribuerai du "libre arbitre", parce que j'ignore la cause et l'effet du changement. » Et il les nomma *auto-maton*, c'est-à-dire « qui agissent de leur propre volonté ». Selon l'interprétation aristotélicienne, le « libre arbitre » serait donc ce dont nous ignorons le fonctionnement, alors que si nous le connaissions, il ne s'agirait plus que de déterminisme. Mais, pour revenir à votre question, en effet les robots ne pourraient pas s'auto-organiser, alors que les « auto-matons » aristotéliciens le pourraient, puisqu'ils seraient conçus de sorte à pouvoir réviser leur propre programme tout en l'exécutant.

*Certains informaticiens prétendent pourtant que la démarche de l'intelligence artificielle, qui imite les processus humains de pensée, prouve que le traitement de l'infor-*

*mation peut être synthétisé par des processus mécaniques ; cette extrapolation n'ignore-t-elle pas la créativité humaine dont aucune machine ne semble être capable ?*

— Comment pourrions-nous imiter quelque chose dont nous ignorons le mode de fonctionnement ? Je pourrais à la rigueur imiter quelqu'un qui saute à la corde, quitte, au départ, à me casser la figure ; mais après un certain entraînement, je serais apte à le faire. Tandis que l'idée même d'imiter les processus de la pensée humaine est fondamentalement fausse, car je ne sais même pas quoi imiter. Je connais, évidemment, des programmes d'ordinateurs qui exécutent une énorme quantité d'étonnantes opérations logiques ou métalogiques et qui essaient même de réviser leurs propres programmes en tirant les conséquences de leurs interactions ; mais je ne sais pas si cela peut être considéré comme de la pensée humaine.

*Cependant, de célèbres chercheurs en intelligence artificielle comme H.A. Simon ou Marvin Minsky soutiennent qu'ils pourraient éventuellement créer un robot qui serait capable de penser comme un être humain.*

— C'est parce qu'ils n'approfondissent pas suffisamment la problématique du processus de la « pensée », tout en accordant une très sérieuse réflexion à ce que les ordinateurs sont capables de faire. Malheureusement, on constate trop souvent, en science informatique, une attitude anthropomorphique qui consiste à observer ce que font certaines machines et à leur attribuer une terminologie humaine. Par exemple, la perpétuelle référence à la « mémoire » : mais les ordinateurs n'en ont pas ! Vous n'aurez jamais une machine capable d'écrire ses Mémoires ! Les ordinateurs ont toutefois des éléments de stockage qui leur permettent de conserver des chiffres ou des programmes. Il existe une énorme différence entre une « mémoire » et un « système de stockage » : ce dernier ne peut que reproduire ce qui y a été placé, tandis que la mémoire est un processus de transformation. La même attitude s'applique à l'information : pour la simple raison que l'ordinateur traite des signaux, le chercheur en intelligence artificielle considère le résultat de ces multiples processus comme « son information ». Mais les ordinateurs ne sont que des outils, et si on l'oublie, on risque de se heurter à de graves problèmes.

*D'autant plus que la créativité humaine n'est pas programmable...*

— Il faut bien établir la distinction entre la créativité humaine et celle des machines, même si celles-ci sont capables de très belles choses ; vous pourriez éventuellement en concevoir une qui pourrait « produire » de longs poèmes. Connaissez-vous cette magnifique histoire du singe qui tape pendant deux mille ans et qui finit par produire *Hamlet* ? Ce chef-d'œuvre « habite » sûrement les singes, mais la signification de ce texte long de trois mille kilomètres n'est compréhensible que pour l'homme qui va le lire et non pas pour le singe qui l'aurait tapé par hasard. Les machines sont donc capables d'une certaine créativité, mais lorsque vous constatez qu'il s'agit d'une histoire drôle, c'est vous-même qui décidez de sa « drôlerie » et non pas l'ordinateur. Il n'y a aucun mal à cela ; il est même fabuleux d'entretenir de telles interactions avec l'ordinateur et de se réjouir lorsqu'on comprend ce qu'il fait, alors que nous ne comprenons même pas ce que nous faisons.

*Pour revenir à ce que vous disiez tout à l'heure, n'est-il pas paradoxal que, tout en décrétant que l'« environnement ne contient aucune information », votre théorie de la cognition stipule pourtant que la « computation » du monde extérieur doit se poursuivre en un* feed-back *permanent entre celui-ci et l'organisme vivant ?*

— J'aimerais signaler que pour moi l'« information », c'est ce que vous faites avec votre propre expérience de vie, de sorte que lorsque vous expérimentez quelque chose, vous êtes capable d'agir sur cette expérience, de l'analyser ou même de l'influencer inconsciemment. C'est-à-dire que l'information n'attend pas, passivement, d'être « ramassée » ; même un journal ne contient, à la rigueur, aucune information, puisqu'il pourrait être écrit en chinois ou servir à construire des modèles réduits en papier, et non pas être lu. L'information ne devient telle que lorsque vous pouvez agir sur elle. Autrement dit, aucune information n'est « extérieure », elle ne se trouve qu'en nous-mêmes. En ce qui concerne la cognition, je la considère essentiellement comme un processus de « computation » au sens large : « saisir les choses ensemble ». Autrement dit, selon ma théorie de la cognition, les organismes vivants computent leur propre computation. Cela signifie que celle-ci devient elle-même sujet de méditation et que nous analysons notre propre réflexion. C'est selon cette optique que je faisais référence tout à l'heure au biologiste qui doit se décrire lui-même, et à l'observateur qui est lui-même inclus dans son propre système observé. Le processus cognitif implique avant tout que l'on doit opérer sur ses propres opérations, computer ses propres computations.

*Serions-nous alors, d'une certaine manière, prisonniers de notre propre univers ?*

— Probablement...

*Nous avons pourtant réussi à inventer des « mots » que nous pouvons partager avec les autres...*

— Le langage est à la base de toute interaction, puisque je considère l'autre comme mon semblable. Nous ne pouvons commencer à comprendre autrui que lorsque nous nous comprenons nous-mêmes.

*Quelle serait alors l'interaction qui s'instaurerait entre le bruit, source de complexification et de nouveauté qui introduit le futur dans le système, et la mémoire, qui le lie au passé ?*

— Vous pouvez peut-être déjà deviner ma réponse : la seule chose valable pour moi, c'est le « maintenant ». Et puisque c'est l'unique expérience que nous pouvons connaître, chaque fois que nous évoquons le futur ou le passé, nous les situons, naturellement, dans le présent. Lorsque je pense le passé, je ne le fais pas à partir du « passé », mais à partir de « maintenant ». Il s'agit du même processus lorsque j'évoque le futur...

*Mais le bruit ou le hasard, en introduisant la nouveauté dans ce présent, ne pourraient-ils pas nous permettre d'échapper ainsi au déterminisme sous-jacent de la mémoire et du passé ?*

— Du moment que l'on introduit la notion du déterminisme, il n'y a évidemment plus aucun choix, aucun futur, puisque celui-ci est par essence caractérisé par sa différenciation avec le passé. Par conséquent, à la question de savoir si nous devons nous agripper à la philosophie déterministe du XIXe siècle, nous répondons évidemment non ! Nous admettons notre ignorance : nous ne pouvons pas saisir la multitude des « possibles » qui seraient susceptibles d'émerger dans l'univers. Nous devrions aussi nous rendre compte que nous ne pouvons pas saisir la fantastique quantité d'unités opérationnelles qui composent le cerveau. Et puisqu'il serait ridicule de soutenir que nous connaissons ce gigantesque « opérateur », nous avons en conséquence la possibilité de déterminer l'avenir. Nous ne voulons pas qu'il soit tributaire du passé, mais uniquement de nos désirs d'« ici et maintenant ».

*Mais le « libre arbitre » n'est peut-être pas aussi tributaire de notre volonté que cela, puisque nous sommes « conditionnés » même par le langage ; notre seule chance d'y échapper ne serait-elle pas due au « bruit » ?*

— Vous pouvez vous référer au « désordre » ou à la « nouveauté » comme des désignations différentes du même aveu d'ignorance en ce qui concerne la détermination du système considéré. Mais puisque je ne sais pas comment il fonctionne, je peux, par conséquent, « décider » de quelle façon j'aimerais qu'il opère ! C'est pourquoi j'estime que nous ne sommes pas obligés de perpétuer un futur déterminé par le passé, même si d'autres gens le croient puisqu'ils pensent d'une façon déterministe. Selon moi, nous sommes « libres » de décider de l'avenir de notre choix, et c'est pour cela que je rends chacun responsable de son destin ; c'est moi qui décide de mes actes !

*Serait-ce la signification de votre aphorisme : « Si tu veux voir, apprends à agir » ?*

— En un sens, oui ; mais ce précepte contient aussi une autre signification, due à votre grand mathématicien Henri Poincaré, qui avait soutenu que « la vue est liée au mouvement ». Une version moderne de cette idée est naturellement celle de Piaget, qui avait très bien compris que l'enfant n'apprend à percevoir qu'en agissant sur la chose vue. Il y a un foisonnement d'exemples à ce propos, mais le plus extraordinaire est sans doute celui de Castaneda racontant ses étonnantes expériences avec Don Juan qui voulait à tout prix lui enseigner à « voir » ! « Carlitos, as-tu vu cela ? — Non, je n'ai rien vu... » Cette expérience frustrante se répéta de multiples fois, jusqu'à ce que Don Juan s'exclame : « Carlitos, tu ne sais "voir" que des choses que tu sais "expliquer" ; aussi, si tu renonçais à l'explication, tu commencerais enfin à "voir" ! » Voilà. « Agis et tu seras capable de voir ! »

# 14

## Hubert Dreyfus * : démystificateur de l'intelligence artificielle face à Edward Feigenbaum ** : expert ès systèmes experts

*Marvin Minsky, célèbre informaticien du MIT, et l'un des pères fondateurs de l'intelligence artificielle américaine, prévoit pour les décennies à venir le développement de machines douées de « l'intelligence générale d'un être humain moyen ». Et, progressivement, ces petits chefs-d'œuvre « prendront en main leur propre éducation. En quelques années, ils seront au niveau du génie, et ensuite leur puissance sera incalculable » ; au point que « nous aurons de la chance s'ils décident de nous garder comme animaux familiers ».*

*De telles déclarations triomphalistes ne peuvent qu'alimenter le vif débat qui oppose Hubert Dreyfus et Edward Feigenbaum concernant cette polémique fondamentale : l'intelligence des ordinateurs serait-elle illimitée ? Les « robots pensants » seraient-ils aptes un jour à priver l'homme de sa maîtrise de l'univers ?*

*Pour Hubert Dreyfus (qui a été chercheur en IA — intelligence artificielle — à l'université de Harvard avant d'enseigner la philosophie à l'Institut de technologie du*

* Philosophe, université de Berkeley (Californie).
** Professeur d'informatique à l'université Stanford (Californie).

*Massachusetts, puis à Berkeley), l'intelligence artificielle se trouve dans une impasse. Les ordinateurs ne posséderont jamais assez d'intuition pour appréhender la complexité de notre monde puisqu'ils n'échapperont pas à l'approche mécaniste séquentielle qui est la leur. « On ne pourra jamais programmer notre pensée car nous ne sommes pas de purs esprits. »*

*Alors que pour Edward Feigenbaum, inventeur des systèmes experts et l'un des premiers universitaires à se lancer dans Silicon Valley, l'ordinateur, à l'instar du cerveau humain, est un système de traitement d'information. Et ce que l'on appelle le « sens commun » n'est en fin de compte qu'une très large accumulation de connaissances ayant trait aux activités humaines. Il n'y a donc aucune raison que le niveau de résolution des problèmes d'un Einstein ne puisse être atteint par la machine.*

## Bibliographie de Hubert Dreyfus

*Michel Foucault, un parcours philosophique : au-delà de l'objectivité et de la subjectivité* (avec Paul Rabinow), Gallimard, Paris, 1984.

*L'Intelligence artificielle : mythes et limites,* Flammarion, Paris, 1984.

Co-auteur avec Stuart Dreyfus de *Mind over Machine*, MacMillan, 1984.

## Bibliographie de Edward A. Feigenbaum

*La Cinquième Génération : le pari de l'intelligence artificielle à l'aube du XXI*e *siècle* (avec Pamela McCorduck), Interéditions, Paris, 1984.

*Le Manuel de l'intelligence artificielle* (avec A. Barr), Eyrolles, Paris, 1986.

# I*

*Dans le célèbre débat vous opposant au Prix Nobel américain H.A. Simon, qui soutient que « l'intelligence des ordinateurs est illimitée » tandis que vous stipulez qu'« on ne pourra jamais programmer notre pensée car nous ne sommes pas de purs esprits », à qui l'avenir donnera-t-il raison ?*

— L'avenir m'a déjà donné raison, parce qu'après trente années d'efforts l'intelligence artificielle n'a pas encore fait les grands progrès dans la réalisation des machines intelligentes qu'elle avait cru pouvoir accomplir, mais plutôt de petits pas, comme s'il suffisait de grimper sur un arbre pour prétendre arriver à la lune. L'une des raisons principales en est que les ordinateurs n'ont pas de corps : de ce fait ils n'évoluent pas dans une société, ils sont plus distants de nous que les Martiens ! Et tout ce que nous connaissons, simplement parce que nous sommes des êtres incarnés, doit leur être expliqué, ce qui est évidemment impossible.

* Entretien de 1990 avec Hubert Dreyfus, concernant son livre *L'Intelligence artificielle : mythes et limites, op. cit.*

*La robotique essaie déjà de leur « donner » un corps...*

— En effet, le rapport entre la machine et son « corps » est très intéressant. Imaginez : l'ordinateur n'a même pas besoin d'être dans le robot ; il peut simplement être posé sur une étagère et communiquer avec lui par radio. Car ce « corps » est, pour l'ordinateur, comme n'importe quel autre objet dans le monde : celui-là, simplement, il peut le faire bouger. Mais, pour ce faire, il doit localiser l'endroit où se trouve son prétendu « corps », le lieu où il veut « aller », puis calculer le trajet entre ces deux points. Tandis que nous, qui sommes nos corps, nous n'avons pas besoin de les localiser dans l'espace euclidien. Pour ces machines désincarnées, même se gratter le dos n'est pas pour demain.

*D'ailleurs, vous avez été si caustique dans votre critique de l'intelligence artificielle que vous l'avez comparée à l'alchimie !*

— Les alchimistes ont essayé de transformer le plomb en or en proférant des incantations et en le touchant avec la pierre philosophale. Évidemment, cela n'a pas marché ! Néanmoins, ils ont trouvé des idées intéressantes, qu'ils ont utilisées pour faire de la chimie. De celle-ci on a abouti à la physique, puis aux accélérateurs, et enfin on a réussi à transformer le plomb en or ! Mais nous ne sommes plus des alchimistes : nous avons atteint le niveau nucléaire !

*Si nous poursuivons votre propre métaphore, les prophéties de l'intelligence artificielle qui semblent excessives aujourd'hui ne pourraient-elles pas se matérialiser demain ?*

— Je n'ai rien contre l'idée que l'ordinateur puisse être intelligent, je conteste l'hypothèse des « systèmes de symboles physiques », c'est-à-dire la théorie selon laquelle nous, humains et ordinateurs, sommes deux « espèces » de la même « race », notamment de celle qui utilise les « symboles » pour représenter le monde extérieur. Cette conception ne va pas dans le sens de l'intelligence véritable.

*Marvin Minsky prétend que les machines pensantes de l'an 2000 seront aussi « intelligentes » que l'homme : cependant celui-ci ne possède-t-il pas une caractéristique inat-*

*teignable par l'ordinateur : sa capacité imaginative de faire face à l'imprévu ?*

— Justement ! Si quelque chose de neuf arrive dans le monde, c'est d'abord l'informaticien qui doit le comprendre pour le programmer ensuite dans la machine, car, seule, elle ne peut réagir à l'événement pour lequel elle n'était pas déjà programmée. Il est d'ailleurs intéressant de constater qu'en 1965 Minsky a prétendu que, dans une génération, le problème de l'intelligence artificielle serait réglé. Or il admet maintenant que c'est en effet la plus grande difficulté que l'homme ait jamais rencontrée ! Autrement dit, au fur et à mesure qu'il travaille sur cette problématique, il s'éloigne du but !

*Parce qu'elle est très complexe ; et vous-même, critique acharné de l'intelligence artificielle, avez pourtant été battu au jeu d'échecs par « Mac Hack », un rival mécanique !*

— C'est vrai, mais il y a longtemps de cela. Le fait que les informaticiens le mentionnent dans plusieurs livres doit refléter leur désespoir ! Cela est d'autant moins significatif que je suis un très mauvais joueur ! Ce qui est par contre important, c'est qu'aucune machine n'a pu battre les maîtres ! Ceux-ci ont découvert que les ordinateurs, n'étant pas « motivés », ne jouent que des jeux tactiques, qu'ils gagnent parce qu'ils ne font jamais d'erreurs ! Mais dès qu'on les affronte à des stratégies complexes, ils sont battus. Il n'y a donc aucune « intelligence » dans un ordinateur jouant aux échecs.

*Admettons, mais néanmoins une technicité très performante ?*

— Parce que le domaine est excessivement combinatoire.

*Justement, n'est-il pas curieux que plus notre savoir est structuré, comme en logique ou en mathématique, plus sa programmation est facile, alors que le sens commun échappe aux ordinateurs ?*

— Vous touchez là un point essentiel qui est la cause même de l'impasse actuelle de l'intelligence artificielle. L'ordinateur le plus performant, le plus puissant, ne peut pas « saisir » un conte que comprendra un enfant de quatre ans, parce que celui-ci possède le sens commun, alors que l'ordinateur ne contient que de la logique. N'ayant ni corps, ni émotions, ni langage, il ne peut pas « comprendre » les choses qui pour nous sont précisément les plus simples.

*Pourtant, selon Edward Feigenbaum, même le sens commun sera un jour stocké sur ordinateur !*

— Pas exactement. Ce qui est intéressant avec les systèmes experts de la cinquième génération, c'est qu'ici Feigenbaum a brillamment trouvé un domaine où le sens commun n'est justement pas pertinent ! Parce que si l'on fait un système expert pour la recherche pétrolière, cela n'a aucun rapport avec nos sociétés humaines, cela pourrait être fait par un Martien. Aucune machine, malgré son immense vitesse et sa capacité de stockage, n'est aussi performante que les experts humains qui ont élaboré ses règles d'utilisation.

*N'y aurait-il pas d'exceptions ?*

— Si, il y a « Mycin », qui fait des examens sanguins et qui est à 80 % aussi performant qu'un spécialiste. Les autres systèmes experts sont généralement compétents, mais jamais experts, sauf « Dendral » qui, selon Feigenbaum, est utilisé dans de nombreuses universités et usines pour analyser la spectrographie de masse. *Last but not least*, il existe un excellent système expert qui s'appelle « Areone » et qui est fait sur mesure.

*Ces ordinateurs, conçus selon les spécifications de leurs utilisateurs, deviendraient-ils alors supérieurs aux experts humains ?*

— Uniquement quand il s'agit de domaines exigeant de multiples données et des calculs harassants plutôt que de l'intuition.

*Serait-elle donc inaccessible aux ordinateurs ?*

— On ne peut pas dire qu'en principe un ordinateur ne puisse jamais avoir d'intuition, mais avec les techniques que l'on utilise actuellement, c'est-à-dire en programmant les « symboles » grâce aux « règles » fournies par les experts, aucune machine n'aura d'intuition.

*Pourtant, H.A. Simon prétend qu'un ordinateur pourrait être aussi intelligent qu'Einstein...*

— Pour lui, les ordinateurs « pensent » déjà comme nous, parce qu'il considère la pensée comme un processus d'inférences logiques, ce qu'en effet les machines maîtrisent déjà. Mais notre réflexion est plus complexe : nous pensons intuitivement et par analogies. D'ailleurs Einstein lui-même considérait déjà que ses idées les plus importantes émergeaient lorsqu'il saisissait les analogies entre un domaine et un autre.

*Il a même fait d'étonnantes découvertes en rêvant...*

— Et pas du tout grâce au calcul logique, comme Simon l'imagine.

*Or Seymour Papert se sert des ordinateurs pour développer justement les capacités imaginatives des enfants...*

— Mais il s'agit avant tout d'une imagination « papertesque », c'est-à-dire mathématique et logique ! Il ne peut pas faire voir aux enfants qui utilisent ses programmes les similarités entre deux images, l'analogisme entre deux problèmes. Car pour lui, l'imagination est toujours mathématique. Or, pour moi, ce n'est pas cette imagination-là qu'il faut avoir pour être intelligent dans notre monde.

*Que signifie « être intelligent » ?*

— C'est voir les rapports analogiques existant entre des situations nouvelles et des situations anciennes pour lesquelles nous possédons déjà des savoir-faire.

*Croyez-vous que les ordinateurs auto-organisateurs seront aptes à posséder cette capacité d'adaptation à l'inédit ?*

— L'idée de Douglas Hofstadter que tout ce qui est nécessaire pour qu'un ordinateur soit intelligent c'est l'autoréférence est optimiste car cela n'a rien à voir avec la vraie intelligence ! Il s'agit ici uniquement d'un programme logique qui fait des constatations logiques sur sa propre programmation logique ! Cela n'implique nullement les émotions, les analogies ou l'adaptation — toutes choses qui composent l'intelligence, la flexibilité ou la créativité humaines.

*Justement, avec l'utilisation généralisée des ordinateurs, ne risquerions-nous pas d'être « contaminés » par cette mentalité mécaniste et rationalisante au détriment de l'intuition et de l'imagination ?*

— En effet, c'est une éventualité très dangereuse et, paradoxalement, d'autant plus que l'intelligence artificielle n'a pas remporté le succès qu'elle avait promis : car si l'ordinateur était vraiment flexible, sensible et capable d'être un partenaire le monde serait humain ! Mais si l'on continue de voir dans l'ordinateur une interface entre nous et le monde, et si l'on n'arrive pas à concevoir des machines qui soient aussi intuitives et flexibles que nous, il y a un risque grave que nous devenions aussi rationnels, désincarnés et stupides qu'eux !

*Si, jusqu'à maintenant, l'ordinateur calculait et stockait docilement des informations, le futur Golem raisonneur de la « cinquième génération » ne risque-t-il pas de s'emparer du pouvoir des décideurs dans la Cité ?*

— Les ordinateurs ne seront pas beaucoup plus intelligents dans cent ans. Alors, nos problèmes seront différents et l'obsession actuelle sera estompée, car les ordinateurs occuperont une place aussi normale que les automobiles ou les machines à laver. Tout ce qu'on a à craindre, c'est cette rigidification, cette « stupidité rationalisante » que vous évoquiez tout à l'heure.

*La robotisation de l'esprit humain à cause de l'ordinateur ?*

— C'est ce qui a déjà commencé avec le *Discours de la méthode* de Descartes... Cette idée que toute intelligence est analytique et procède logiquement d'un détail à l'autre est maintenant l'apanage des ordinateurs ; et nous allons tous payer cher pour cette idée « géniale » ! Notre seul espoir, c'est que ces robots soient tellement inefficaces qu'ils n'occuperont plus qu'une place subalterne ; nous pourrons ainsi continuer à mener nos vies comme auparavant.

*Mais on pourrait toujours couper l'électricité pour les faire taire...*

— Cela ne sera même pas nécessaire puisqu'ils ne représenteront aucun danger réel pour nous.

*Et la révolution informatique ?*

— C'est un mythe créé par les médias et certains informaticiens.

*Pourtant certains chefs d'État cherchent à résoudre toutes les crises grâce à l'informatique...*

— C'est une illusion !

# II*

*Lukacs a bien dit qu'on ne pourra jamais concevoir une machine égalant l'esprit humain; cela signifierait-il qu'aucun robot ne pourrait priver l'homme de la maîtrise de l'univers ?*

— Qu'est-ce qui rend Lukacs si certain de ce qu'il avance? Car un jour, nous aurons justement des robots aussi intelligents que nous-mêmes ! Il est absolument certain qu'ils seront capables de résoudre certains problèmes de façon plus complexe et plus minutieuse que les humains ne sauraient le faire. Il se peut, pourtant, que ces machines ne puissent pas couvrir tout l'éventail des activités humaines : y arriveront-elles, seront-elles alors capables de « dessaisir » l'homme de son pouvoir exclusif ? C'est aux écrivains de science-fiction, et non aux scientifiques, d'y répondre.

*L'humanité a connu plusieurs inventions décisives : l'écriture, l'imprimerie, l'industrialisation. Or, vous soutenez que la « révolution informatique » concevra des ordi-*

* Entretien de 1990 avec E.A. Feigenbaum concernant son livre *La Cinquième Génération, op. cit.*

*nateurs capables de « produire » même de l'information ; ne serait-ce pas un peu utopique ?*

— Tout d'abord, que voulons-nous dire par « produire de l'information » ? Lorsque nous codons un certain nombre de faits ou d'expériences dans une banque de données pour que l'ordinateur puisse les utiliser, et que nous les couplons ensuite avec un processus de raisonnement logique, nous obtenons des déductions qui n'étaient pas toujours envisagées auparavant et qui peuvent mener à de nouvelles solutions. Nous pouvons ainsi obtenir des diagnostics, des thérapies ou des hypothèses inédites. Il est tout à fait concevable que les ordinateurs « associeront » ainsi des données déjà stockées en mémoire à des informations nouvelles afin d'« élaborer » des concepts totalement inédits.

*Par exemple ?*

— Dans mon laboratoire, à Stanford, un étudiant a associé, dans sa programmation de l'ordinateur, des idées simples, des théories courantes à quelques concepts complexes d'arithmétique, déduisant ainsi la création de nombres primaires qui n'avait pas encore été programmée dans cette machine.

*N'est-il pas paradoxal justement que plus les connaissances sont structurées, comme en logique ou en mathématique, et plus facile est leur codification informatique, tandis que le « sens commun » semble échapper aux ordinateurs ?*

— Cela est peut-être paradoxal pour certains, mais pas pour la communauté des chercheurs en intelligence artificielle ! En effet, les « programmes » sont les plus performants lorsqu'ils possèdent la plus grande quantité d'informations concernant le sujet traité. Or, il n'est possible d'accumuler un savoir exhaustif que dans des champs restreints, car plus le domaine est étendu, plus sa connaissance est naturellement superficielle. Ainsi, dans une matière bien circonscrite, nous pouvons produire des solutions informatiques aussi efficaces, sinon plus, que si elles étaient produites par les experts humains. Mais lorsqu'il s'agit du « sens commun », c'est un domaine si vaste qu'un ordinateur aurait besoin de « connaître » des dizaines de millions d'informations afin de travailler efficacement, et nous n'avons pas encore fourni un tel savoir à ce Golem.

*D'autant plus que le « bon sens » change selon le contexte et l'époque : ce qui semble « sensé » en Californie aujourd'hui pourrait ne plus l'être à Paris demain. Or, en le codifiant, ne risquez-vous pas d'imposer un comportement banalisé ?*

— Je n'ai pas l'intention d'élaborer une banque unique du « sens commun » pour toute l'humanité : il s'agirait plutôt d'une multiplicité de bases de données, à l'intérieur de cette banque globale, qui regrouperait le « bons sens » d'individus, de cultures ou de sociétés différentes. Car ce que l'on appelle le « sens commun » n'est en fin de compte qu'une très large accumulation de connaissances !

*Quelle serait, au fond, votre définition du « sens commun » ?*

— C'est l'ensemble de nos connaissances ayant trait aux événements et aux activités ordinaires de la vie quotidienne, et à notre rôle dans le monde.

*Vous prétendez que les « machines pensantes » de l'an 2000 seront aussi intelligentes que l'homme ; mais celui-ci ne possède-t-il pas une qualité inatteignable par l'ordinateur, c'est-à-dire sa capacité intuitive et imaginative de faire face à l'imprévu ?*

— Si vous cherchez à savoir si les ordinateurs qui raisonnent et utilisent la langue naturelle seront aussi intelligents que l'homme dans les champs de connaissances spécialisés en l'an 2000, je peux vous dire que cela sera certainement le cas, tandis que dans les domaines généraux il faudra attendre beaucoup plus longtemps. Quant à soutenir que l'« intuition » et l'« imagination » humaines ne seront jamais atteintes par l'ordinateur, je m'inscris en faux. Car notre cerveau n'est qu'une puissante machine de traitement d'informations, et rien de plus. C'est pourquoi, lorsque nous serons capables d'analyser méticuleusement le fonctionnement de celui-ci, nous serons aussi aptes à créer un programme équivalent de traitement des symboles pour l'ordinateur.

*Si l'ordinateur était une machine auto-organisatrice, peut-être pourrait-il être aussi intelligent que l'homme qui « invente » de nouvelles solutions au fur et à mesure qu'il se heurte à des obstacles inconnus, puisqu'il n'est pas limité par des solutions préétablies...*

— Mais nous ne programmons l'ordinateur qu'avec des processus de résolution de problèmes, c'est-à-dire avec des dispositions de raisonnement logique et des banques de données nécessaires à ce raisonnement, mais pas avec des solutions toutes faites. Celles-ci doivent êtres élaborées au fur et à mesure de l'émergence des problèmes. Or, en quoi l'ordinateur, qui possède un savoir et une méthode de raisonnement, diffère-t-il des humains qui possèdent leurs propres connaissances et méthode logique ? Quelle qualité particulière possédez-vous que nous ne puissions programmer pour l'ordinateur ?

*L'intuition !*

— Ce mot ne fait que « couvrir » un certain comportement, que l'homme, dès lors, revendique comme sien, clamant que la machine ne saurait y prétendre. Mais pourquoi ne pas creuser sous cette notion d'intuition afin de découvrir les détails précis du « traitement de l'information » qu'elle nécessite et les programmer ensuite dans l'ordinateur ? Qu'y a-t-il de si spécial au comportement humain ? Pourquoi êtes-vous, comme nous tous, tellement anthropocentrique ? Pourquoi pensez-vous que l'être humain est si exceptionnel ?

*Parce que nous avons eu un Einstein parmi nous ; est-ce que les robots pourraient en faire autant ?*

— Éventuellement, pourquoi pas ? Vous ne semblez pas me croire, mais c'est certain. Einstein avait un puissant talent pour résoudre des problèmes, une méthode efficace pour déblayer son chemin à travers la complexité des questions, et la capacité d'atteindre le fond de celles-ci. Il n'y a aucune raison que ce niveau de résolution de problèmes ne puisse être atteint par les experts de l'intelligence artificielle.

***Diriez-vous qu'il est aussi possible de programmer un ordinateur à devenir Proust ou Léonard de Vinci ?***

— Si vous entendez par là : « un ensemble de programmes d'ordinateur doté d'une vaste banque de données pourrait-il, en principe, faire ce genre de travail ? », alors ma réponse est oui. Mais s'il s'agit de le réaliser en fait, ma réponse est non. Car il ne serait jamais de notre intérêt de créer un ordinateur « proustien » : de tels programmes sont très difficiles à calculer et sont donc très coûteux à exécuter. Or, les humains sont de bien meilleurs créateurs dans ce style « proustien » que les machines. Nous ne nous donnerons donc pas la peine de « créer » un Proust.

***Pourtant la création d'un ordinateur aussi génial serait un défi plus extraordinaire encore que d'aller sur la Lune...***

— En effet, aller sur la Lune n'est qu'un exploit technique mineur par rapport à l'intelligence artificielle, qui est l'un des défis les plus extraordinaires auxquels l'humanité doit actuellement faire face.

***Croyez-vous que l'informaticien créant un programme d'ordinateur qui doit simuler Einstein ou Proust doive être aussi génial qu'eux ?***

— Non. L'informaticien, travaillant avec un expert afin de créer — ensemble — un « système expert »[1], est loin d'être aussi intelligent que celui dont les « informations » sont en train d'être « modélisées ». Pour créer un logiciel performant, il faut être un informaticien appliqué, un observateur attentif et un programmeur minutieux, mais il ne faut pas être aussi intelligent que l'expert.

***Dans le célèbre débat opposant le Prix Nobel américain H.A. Simon, qui soutient que l'« intelligence des ordinateurs est illimitée », à Hubert Dreyfus qui rétorque qu'« on ne pourra jamais programmer notre pensée car nous ne sommes pas de purs esprits », à qui l'avenir donnera-t-il raison ?***

— C'est à Dreyfus de prouver que posséder un corps

1. Edward Feigenbaum, ayant inventé les « systèmes experts », avait créé sa propre société Ieknowledge à Silicon Valley, en Californie.

fait toute la différence ! Qu'est-ce que cela a à faire avec la manipulation de symboles que nous nommons la « pensée » ? En quoi son incarnation physique importe-t-elle ? Quelle conséquence y a-t-il du fait que nous soyons faits de chair et d'os ?

*Parce que la « pensée » et le « corps » ne font qu'un...*
— Nous parlions tout à l'heure des grandes découvertes d'Einstein... Nous demandions-nous quel corps il avait ? Nous n'y pensons jamais quand nous évoquons la théorie générale de la relativité !

*Mais sans le corps, vous ne pouvez produire qu'une pensée mécanique, alors que celle de l'homme ne l'est pas, puisqu'il rêve...*
— C'est votre opinion que l'humanité n'est pas une mécanique. L'humanité est une mécanique !

*Comme preuve de l'« intelligence » des ordinateurs, vous citez les prouesses des systèmes experts en diagnostic médical, en ingénierie pétrolière ou en gestion ; or, ces étonnantes performances ne sont-elles pas dues à la vitesse de traitement des données et aux vastes banques de connaissances de ces « experts mécaniques » plutôt qu'à leur « capacité raisonneuse » ?*
— Chaque système expert est essentiellement composé de deux parties : une base de données, qui mémorise tout ce que l'ordinateur doit connaître sur l'intégralité du problème traité, et un dispositif de raisonnement logique qui permet d'élaborer des hypothèses, proposer des solutions, faire des diagnostics. Un système expert typique n'utilise qu'un millier d'informations, au lieu de millions d'informations qui auraient été nécessaires à un ordinateur qui traiterait le « sens commun ».

*Un système expert ne reflète-t-il pas surtout le processus de raisonnement de son programmeur ?*
— Non, car il reflète aussi la logique mathématique, la théorie des probabilités, le « raisonnement humain normal » que nous avons été capables de stocker en lui.

*En quoi un système expert se différencie-t-il alors de son homologue humain ?*

— Il possède en général les mêmes qualités que l'expert mais, dans certains cas, nous avons pu constater la supériorité des systèmes experts, qui provenait soit de l'étendue des connaissances nécessaires, soit de la puissance de raisonnement logique dont dépendait la solution. Notre système expert médical « Mycin », par exemple, est supérieur aux experts de l'École de médecine de l'université Stanford.

*Il y a 4 700 ans, un sage chinois avait prédit que « le savoir, c'est le pouvoir ». Aujourd'hui, le gouvernement japonais, en lançant le défi mondial des ordinateurs de la cinquième génération, c'est-à-dire en investissant dans l'industrialisation de l'ingénierie de la connaissance, saurait-il assurer la survie nationale ?*

— Le plan japonais pour la cinquième génération des ordinateurs prévoit en effet la création d'une « industrie de la connaissance », c'est-à-dire que l'industrie du traitement de l'information sera l'industrie dominante de l'an 2000, et les Japonais cherchent à la maîtriser car leur survie économique en dépend.

*Croyez-vous qu'ils réussiront à créer ces extraordinaires ordinateurs de la cinquième génération ?*

— Les cibles fixées dépassent de loin les capacités opératoires de cette équipe japonaise s'ils se limitent vraiment à dix ans, mais si le plan est prolongé à trente ans, ils y parviendront sûrement.

*Est-ce que les Américains élaborent également des ordinateurs d'une telle puissance ?*

— Évidemment. Un important projet de recherche a été lancé par l'agence DARPA du ministère de la Défense, chargée des projets de recherche d'avant-garde. Un budget de 600 millions de dollars a été alloué et il sera sûrement doublé et prolongé, afin d'accélérer le développement de la technologie de l'intelligence artificielle américaine.

15

# Herbert A. Simon : l'ordinateur-roi

*Comment saisir l'étonnant* feed-back *entre la pensée humaine et l'univers englobant ? Une importante percée fut faite par la cybernétique, et nous assistons actuellement à ses multiples retombées. Le professeur H.A. Simon définit ces « sciences de l'artificiel » comme « la façon dont un système de traitement de l'information — homme/ ordinateur — peut représenter l'information collectée dans le monde extérieur et l'utiliser pour élaborer ses propres actions ».*

*C'est grâce à l'intelligence artificielle — « science qui fait faire aux machines des choses que les hommes jugent intelligentes lorsqu'ils les font eux-mêmes », selon Marvin Minsky — utilisée comme outil de simulation, qu'on est capable de mieux comprendre la nature même de la pensée humaine. Mais reste à savoir dans quelle mesure un programme d'ordinateur serait capable, à l'instar du cerveau, d'« auto-organiser » son programme au fur et à mesure de son exécution, afin de faire face à des situations imprévisibles.*

*Le professeur H.A. Simon — personnage exceptionnel*

* Prix Nobel d'économie, université Carnegie-Mellon.

*et inclassable puisqu'il enseigne à la fois la psychologie, l'informatique et les sciences de l'organisation — a soutenu que certains robots pensants dépassaient déjà leurs concepteurs humains et que de remarquables exploits étaient constatés parmi certains systèmes experts : joueurs d'échecs imbattables, concepteurs de diagnostics médicaux parfaitement justes, ou découvreurs d'équations mathématiques inédites.*

*Pourtant, la polémique persiste; la véhémence de ce débat semble être due au fait que l'homme, après avoir cessé d'être au centre de l'univers depuis Galilée ou une créature exceptionnelle depuis Darwin, craint de perdre aussi ses prérogatives intellectuelles en raison du formidable essor de l'intelligence artificielle des ordinateurs... Car, pour H.A. Simon, l'un des pères fondateurs de cette science incontournable, ils seraient en effet capables de tout : non seulement d'égaler Einstein ou Proust, mais aussi d'assumer éventuellement la lourde tâche du président des États-Unis...*

## Bibliographie

*Les Organisations, problèmes psychosociologiques*, Dunod, Paris, 1971.

*La Science des systèmes; science de l'artificiel*, EPI, Paris, 1974.

*Le Nouveau Management : la décision par les ordinateurs*, Economica, Paris, 1980.

*Administration et processus de décision*, Economica, Paris, 1983.

*Vous semblez être l'illustration du « nouvel esprit scientifique » de la recherche transdisciplinaire : comment s'opèrent les interrelations entre des disciplines aussi différentes que les sciences de l'organisation, l'intelligence artificielle, la psychologie cognitive ou l'économie * ?*

— Ma recherche est transdisciplinaire parce que les problèmes fondamentaux auxquels je me suis toujours intéressé traversent plusieurs disciplines : ils se focalisent, tout particulièrement, sur le processus décisionnel et la résolution des problèmes au sein des institutions, et concernent de ce fait, avant tout, la psychologie et l'économie. Or, l'intelligence artificielle cherche aussi à comprendre comment les êtres humains prennent leurs décisions, afin de pouvoir ainsi mieux programmer les ordinateurs.

*Le prix Nobel vous a pourtant été décerné dans le domaine de l'économie...*

— J'ai reçu, en effet, le prix Nobel pour mes travaux concernant « la prise de décision » dans les institutions économiques, puisque l'économie cherche à élaborer des théo-

* Entretien de 1984.

ries sur les processus décisionnels de la société de marché : c'est-à-dire sur la façon dont sont prises les décisions des agents concernant l'achat, la vente, la production ou l'investissement.

*Revenons à l'autre pôle de vos recherches : quelles seraient les convergences entre votre logique de la découverte scientifique et la démarche de penseurs comme Lakatos, Kuhn ou Feyerabend, pour lesquels la recherche scientifique n'est pas uniquement rationnelle puisqu'elle est aussi « contaminée » par l'idéologie ambiante ?*

— Pendant longtemps, ceux qui étudiaient la logique de la découverte scientifique avaient soutenu que seule était possible une analyse de la façon dont on examine la véracité d'une hypothèse scientifique ; car pour la philosophie de la science, il ne pouvait y avoir une théorie rationnelle du processus de la découverte, puisque celui-ci était considéré comme mystérieux et intuitif. Or, Lakatos, Kuhn ou Feyerabend cherchent à relativiser l'approche scientifique en soutenant qu'on ne peut examiner la vérité d'une théorie scientifique qu'en la situant dans son contexte, et par rapport aux savants concernés ; ainsi, la science devient aussi un phénomène sociologique. Feyerabend va encore plus loin en affirmant qu'on ne peut même pas comparer la théorie de la relativité à celle de la mécanique newtonienne, ni décréter laquelle des deux est la plus juste, puisqu'on peut seulement constater que l'une a historiquement remplacé l'autre. Or, selon moi, la survie des théories scientifiques dépend de leur capacité à expliquer des phénomènes empiriques d'une manière plus adéquate que les théories rivales. L'une de nos recherches majeures consiste actuellement à concevoir des modèles théoriques pour examiner comment un ensemble de données peut être exploré afin de permettre la découverte de nouvelles lois scientifiques. Pour ce faire, nous élaborons des programmes d'ordinateurs susceptibles de déceler dans leur propre banque de données des « patterns » sous-jacents. Si nous réussissons à les programmer ainsi, il est évident que nous serons enfin aptes à comprendre le « processus de la découverte ».

*Serait-ce à dire que celui qui connaîtrait votre théorie de la découverte scientifique serait ainsi capable d'une percée majeure ?*

— En effet, celui qui comprendra et effectuera ce programme aura ainsi accès aux mécanismes de la découverte scientifique.

*En poussant cette hypothèse à l'extrême, croyez-vous qu'un ordinateur pourrait jamais égaler Einstein ?*

— Cela suppose un enjeu très ambitieux, car la majorité des hommes ne réussissent pas à égaler Einstein ; néanmoins, je ne vois aucune raison de principe qui l'en empêcherait. Il y a toute raison de croire que les processus de pensée d'Einstein égalent — qualitativement — ceux de tout un chacun. Si nous avions eu à notre disposition une documentation détaillée concernant l'une des grandes découvertes scientifiques, lors de son accomplissement quotidien, nous pourrions constater que toute découverte scientifique, même celle élaborée par l'une des grandes figures de la science, est le résultat d'un processus laborieux, réalisé graduellement à l'instar de notre propre pensée quotidienne.

*Mais la cybernétique, en assimilant la pensée à une boîte noire et l'homme à un automate, ne risque-t-elle pas d'occulter le génie imprévisible de l'invention humaine ?*

— Le paradigme du système de traitement de l'information considère en effet l'homme comme une « machine » qui traite l'information, mais ne l'assimile pas tout à fait à une boîte noire. De toute façon, grâce à notre approche, qui consiste à élaborer des programmes d'ordinateur traitant l'information, nous connaissons déjà le contenu de la boîte noire. Or, de même que les équations mathématiques permettent aux physiciens de scruter l'univers, nos programmes d'ordinateur deviennent des théories expliquant le comportement humain.

*Puisque, selon vous, l'ordinateur, à l'instar de l'homme, est un système de traitement de symboles, il devrait pouvoir servir à l'analyse de l'activité humaine ; mais ne reflétant que la pensée logique, étant incapable de cette intuition si chère à Bergson, ne risque-t-il pas de donner une image « techniciste » et donc « fausse » de son concepteur ?*

— Il est erroné de croire que l'ordinateur ne reflète que la pensée logique : il ne reflète que son programme, et il n'est pas difficile, justement, de le programmer de sorte qu'il fasse des erreurs de logique ou de jugement. La notion d'« intuition » est normalement utilisée lorsqu'un expert, par exemple un brillant joueur d'échecs, est capable de saisir, instantanément, toute la signification d'une situation donnée. Or, en analysant attentivement ce processus, on se rend compte que la clef de l'intuition n'est que la recognition, c'est-à-dire que l'expert reconnaît des indices lui permettant d'avoir accès à une vaste connaissance qu'il avait stockée durant une longue expérience de vie. De même, un ordinateur doté d'une riche banque de données serait tout à fait capable d'intuition.

*Or, pour vous, l'homme lui-même est un système simple dont l'apparente complexité comportementale ne reflète que celle de son environnement : pourtant en changeant le monde, l'homme se change lui-même : ce* feed-back *permanent ne demande-t-il pas une intelligence complexe ?*

— De nombreux systèmes évolutifs « s'auto-organisent » en cours de route. Lorsque nous observons un processus naturel, nous constatons qu'il se développe par petites étapes ; chacune d'entre elles peut, en effet, être très simple, mais toutes ensemble aboutissent à un résultat complexe. De même, si les processus mentaux sont en eux-mêmes simples, l'apprentissage change les données stockées en mémoire et peut produire un comportement qui nous semble complexe.

*Mais l'atterrissage sur la Lune n'exige-t-il pas une connaissance complexe ?*

— Atterrir sur la Lune n'implique qu'une immense multiplicité d'actes de pensée élémentaires faits par un ingénieur, ou d'actes de fabrication de base réalisés en usine. Le rôle de la science est justement d'examiner des phénomènes complexes et de montrer que, grâce à des processus élaborés graduellement, des combinaisons remarquables peuvent émerger : on n'a pas besoin d'actions complexes pour produire des résultats complexes, c'est en cela que réside précisément la beauté de la chose !

*Si des actions simples peuvent donc aboutir à des configurations complexes, tout serait-il alors possible ?*

— Seulement les choses susceptibles d'être générées par cette combinatoire de processus simples. L'univers a émergé, lors du Big Bang, uniquement avec des protons d'hydrogène, et, après quelques millions d'années, est née une molécule de protéine. Quelque génie créateur serait-il intervenu afin que l'hydrogène finisse par former graduellement des éléments plus complexes ? Ou que le carbone et l'oxygène puissent se combiner en protéines ? Chaque phase n'a été qu'une petite étape combinatoire supplémentaire et l'on a pu obtenir ainsi une fantastique variété de combinaisons !

*Un célèbre débat oppose Marvin Minsky, pour qui « l'intelligence des ordinateurs est illimitée », à Hubert Dreyfus qui rétorque qu'« on ne pourra jamais programmer notre pensée car nous ne sommes pas de purs esprits ». A qui l'avenir donnera-t-il raison ?*

— Je dirais qu'Hubert Dreyfus a eu souvent tort, puisque nos ordinateurs exécutent précisément ce qu'il avait prédit qu'ils ne pourraient pas faire... Et Marvin Minsky a eu souvent raison. Néanmoins, l'une des limitations fondamentales de l'ordinateur consiste naturellement dans le fait que, contrairement à l'homme, il n'est qu'un « pur esprit ». Alors, si nous voulions concevoir des théories qui nous permettraient de simuler des émotions humaines, il faudrait d'abord élaborer des programmes d'ordinateurs susceptibles d'inclure des « inputs symboliques » semblables à ceux que reçoit notre système nerveux ou glandulaire, lié aux émotions : c'est-à-dire que nous avons besoin d'un système computique ayant les mêmes capacités de traitement des émotions que le cerveau humain. Un modeste progrès dans cette direction a déjà été fait par un psychiatre de Los Angeles : Ken Cobey a construit un programme d'ordinateur nommé « Parry » simulant parfaitement bien le comportement d'un individu paranoïaque et la façon dont sa peur ou sa furie sont suscitées par sa conversation avec son concepteur. Mais je suis tout à fait d'accord avec Dreyfus lorsqu'il soutient que pour simuler des émotions, nous serions obligés de simuler l'interaction qui a lieu entre l'esprit et la matière !

*Un ordinateur pourrait-il tomber amoureux ?*

— Je dois avouer que je n'y ai pas beaucoup réfléchi, mais là encore notre compréhension parcellaire est due à celle du phénomène en général. La meilleure description de l'amour n'a pas été faite par un psychologue, ni par un biologiste, mais par Stendhal.

*Mais c'est précisément le cœur du problème : vous avez soutenu, tout à l'heure, qu'un ordinateur pouvait égaler Einstein. Pourrait-il aussi égaler Proust ?*

— En principe, je ne vois aucune raison pour laquelle il ne le pourrait pas. Mais, afin d'être Proust, l'ordinateur devrait posséder une vaste connaissance de la langue française, bien plus riche que celle contenue dans le Larousse, mais pas davantage que celle qu'un adulte moyen maîtrise. Cela peut paraître une fantastique quantité d'informations à retenir, mais elle ne l'est pas en comparaison avec l'immense capacité de mémorisation des ordinateurs.

*Le problème ne semble pas être d'ordre quantitatif, certaines personnes ont même appris des dictionnaires entiers par cœur ; pourtant Proust est unique !*

— Il ne s'agit, en effet, pas uniquement de l'accumulation de connaissances encyclopédiques, mais évidemment aussi de l'expérience vécue qui pourrait partiellement s'obtenir grâce aux livres, mais qui s'acquiert surtout grâce à la vie elle-même. De ce fait, nous devrions d'abord savoir comment fournir à l'ordinateur des expériences analogues à celles qui suscitent nos émotions, et qui seraient étayées par une vaste information résultant de la confrontation à de multiples stimuli.

*Mais cet ordinateur ne reflétera que les capacités inhérentes à son concepteur. Celui-ci n'étant pas Proust, comment connaîtrait-il les mécanismes de création de ce génial écrivain ?*

— Un ordinateur peut savoir des choses ignorées par son programmeur : quelques robots pensants battent déjà leur concepteur aux échecs ; certains conçoivent des équations mathématiques plus élégantes que les mathématiciens, et d'autres élaborent des diagnostics plus justes que les médecins. Or, si les ordinateurs avaient comme nous un accès libre à l'information, en se « branchant » sur certains « réseaux informationnels » de leur « choix », ils posséderaient évidemment des expériences inconnues de leurs programmeurs. Si, en plus, nous y ajoutions leur capacité d'apprentissage, il est certain que l'ordinateur pourrait se créer de nouvelles compétences afin d'être capable de « s'auto-programmer » pour résoudre de nouveaux problèmes...

*Le robot serait-il capable, à l'instar de la cellule, d'auto-organiser son programme au fur et à mesure de son exécution afin de faire face à des situations imprévisibles ?*

— Il existe déjà des ordinateurs susceptibles d'un tel exploit : l'un d'eux est capable, face à un problème très difficile, de l'examiner minutieusement afin d'élaborer de nouvelles méthodes pouvant le résoudre. S'il réussit, il va alors analyser rétrospectivement ses actes et utiliser son expérience afin de modifier son programme, de sorte que, s'il se heurte à des problèmes analogues dans l'avenir, il saura les résoudre. A l'université Stanford, en Californie, il existe un programme d'ordinateur nommé « Eurisko » qui est censé faire des découvertes et qui, au fur et à mesure de leur élaboration, s'invente de nouvelles méthodes heuristiques. Il a eu certains succès, notamment avec la conception de nouvelles puces d'ordinateur.

*Alors si, jusqu'à maintenant, le robot n'a découvert que des faits déjà connus par l'homme, serait-il aussi capable de dépasser son concepteur en découvrant quelque chose de totalement inconnu ?*

— Nous avons déjà des exemples d'ordinateurs découvrant des choses inédites : en 1956, lorsque nous avons lancé notre programme de résolution des problèmes, l'ordinateur devait résoudre un problème de logique extrait du fameux livre de Whitehead et Russell *Principia mathema-*

*tica*, et il a trouvé une solution beaucoup plus élégante que celle conçue par ces deux savants. Bertrand Russell a été très amusé par cet « exploit computique »...

*Dans une conversation normale, les interlocuteurs saisissent le sens non seulement grâce à leur entendement logique, mais aussi grâce à une compréhension extralinguistique : comment l'ordinateur serait-il alors apte à traduire correctement ?*

— Selon moi, la compréhension est un processus qui utilise une vaste variété des données stockées en mémoire, y compris des informations concernant le monde réel, afin de pouvoir interpréter ainsi la nouvelle langue qui y est introduite. Par exemple, à l'université du Texas, il y a un programme d'ordinateur, « Isaac Newton », qui sait déchiffrer des problèmes de physique, et puisqu'il a déjà été alimenté avec des données concernant des notions d'échelle, levier, masse, friction, il est donc capable de visualiser les phrases d'un livre et de les transposer ensuite en équations mathématiques afin de résoudre le problème. Autrement dit, l'ordinateur comprend la signification de ces concepts physiques et peut ainsi les traduire en une description visuelle ou mathématique.

*Qu'en est-il de la compréhension non verbale ?*

— Quelques programmes ont déjà été conçus pour la compréhension du langage oral mais aucun d'eux n'a encore dépassé la compréhension syntaxique. Ils ne peuvent pas encore déceler dans le discours les intonations de colère, d'hésitation ou de joie, mais en principe, cela devrait être faisable.

*N'y aurait-il donc aucune limite aux capacités computiques que ce soit dans le domaine de la traduction, de la création littéraire ou de la recherche scientifique ?*

— Éventuellement, les ordinateurs seraient en effet capables de tout faire !

*Même assumer la tâche du président des États-Unis ?*

— Eh bien, j'aimerais attendre un peu avant de voter pour un ordinateur, et vérifier d'abord la qualité de ses programmes ! Je suppose qu'une réponse futile serait de dire que nous n'aurions pas à pousser la science computique bien loin pour « produire » un président aussi qualifié que certains des récents présidents des États-Unis !

# 16

## Terry Winograd * : informaticien militant

*La révolution informatique ne marque pas seulement nos vies quotidiennes, mais modifie également nos modes de pensée. Pour certains de leurs partisans, les ordinateurs pourraient même un jour exécuter nos tâches, éduquer nos enfants ou disputer notre position privilégiée de « maîtres » de l'univers. Mais si, pour Terry Winograd, brillant chercheur en intelligence artificielle, il n'y a pas de doute que la technologie informatique bouleversera nos sociétés en y introduisant des changements socio-économiques irréversibles, il est encore trop tôt pour en prédire l'impact. D'autant plus que certaines promesses de l'intelligence artificielle n'ont pas encore été tenues à cause de la complexité des nouvelles technologies mises en œuvre. Notre informaticien cherche donc à savoir si nous pourrions vraiment construire des machines aptes à nous comprendre, à résoudre nos problèmes, à diriger nos vies ; et ce qui se passerait si un jour elles devenaient plus intelligentes que nous.*

*Cette interrogation est au centre des longues recherches menées conjointement par deux scientifiques de l'université Stanford, en Californie. L'un, Fernando Flores, ancien*

* Mathématicien et informaticien, université Stanford (Californie).

*ministre de l'Économie auprès de Salvador Allende, est philosophe; l'autre, Terry Winograd — dont le brillant programme « SHRDLU », conçu en 1971 au MIT, avait innové en science informatique — s'explique ici sur la nature de ces travaux.*

## Bibliographie

*L'Intelligence en question* (avec Fernando Flores), PUF, Paris, 1990.

*Le robot,* Machina sapiens, *semble être devenu un mythe. Quelles peuvent être, à l'avenir, ses relations avec son confrère* Homo sapiens * *?*

— La différence entre mythe et réalité consiste dans le fait que le mythe est du domaine de la science-fiction, comme le robot « Hal » du film *2001* de Kubrick, et cela inclut les « robots pensants », tandis que, dans la réalité, les ordinateurs les plus divers font partie intégrante de notre vie quotidienne, non pas parce qu'ils « pensent », ni parce qu'ils sont *sapiens*, mais parce qu'ils sont capables de stocker, de manipuler et de transmettre l'information humaine. Si l'on analyse les liens qui existent déjà entre l'homme et le robot, on s'aperçoit qu'ils ressemblent à ceux qui existent entre une personne et son outil, entre le maître et son serviteur.

*Il semblerait que l'on ne puisse jamais concevoir une machine aussi parfaite que le cerveau. Pourrait-on en déduire que les robots ne pourront jamais disputer à l'homme sa maîtrise de l'univers ?*

---

* Entretien de 1983

— Cela reflète une certaine prétention de la part de l'homme, car il ne maîtrise pas l'univers ; tout au plus contrôle-t-il partiellement sa petite sphère. Toutefois, l'ordinateur tel que nous l'avons envisagé et construit n'est pas un élément plus indépendant que notre automobile ou notre téléviseur ; il reste un outil qui ne saurait avoir la maîtrise de soi.

*Le robot serait-il néanmoins capable de réviser automatiquement son programme, au fur et à mesure de son exécution, afin de faire face à des situations imprévues ?*

— Il y a eu de nombreuses tentatives pour créer un logiciel qui ne suive pas un programme spécifique préétabli, mais qui puisse développer, selon les besoins, son propre programme d'après un dispositif initial « ouvert ». Mais, à présent, nous ne sommes qu'au début de cette recherche : les dispositifs opérant selon ce modèle ne possèdent même pas l'intelligence d'une bactérie. Cependant, il est possible qu'un programme s'autorévise : la difficulté réside dans la possibilité de créer un dispositif tel quc ces révisions puissent être pertinentes, autrement dit, que ces machines ne modifient pas leur programme d'une manière aléatoire, car cela n'aurait aucun intérêt. Il faudrait donc savoir s'il serait possible de concevoir un « dispositif initial » dont la richesse d'adaptation à toutes les situations envisageables permettrait d'effectuer les changement fonctionnels nécessaires selon ce programme d'exécution initial. Néanmoins, l'ordinateur ne sera jamais capable de faire face à toutes les situations imprévues, car il ne possède pas l'aptitude d'adaptation spontanée du cerveau.

*Pourrait-on établir une corrélation entre l'intelligence et l'imagination de l'informaticien, et les capacités performantes de son robot ?*

— Nous venons de discuter des possibilités des systèmes auto-organisateurs ; mais lorsque nous examinons les programmes qui sont actuellement exécutés, nous nous apercevons qu'ils reflètent fidèlement l'intelligence et l'inventivité de leurs concepteurs. Il est d'ailleurs fascinant de comparer les divers programmes d'intelligence artificielle avec la personnalité de leur créateur, qui se reflète autant dans son robot que celle du romancier dans son œuvre.

*Les informaticiens seraient-ils donc un peu poètes ?*

— Je pense que les meilleurs informaticiens possèdent, en effet, une veine poétique. Un programme informatique, à l'instar de toute création artistique, a d'autant plus de possibilités de perfectionnement que son créateur est animé par un esprit poétique.

*Vous avez renouvelé la rédaction du logiciel, en permettant aux robots de traiter simultanément de problèmes syntaxiques, sémantiques et logiques. Comment votre robot « SHRDLU[1] » peut-il « entendre », « comprendre » et « exécuter » un ordre ?*

— Le programme que j'ai conçu n'a pas été réellement exécuté par un robot, mais simulé sur un écran vidéo ; les « ordres » étaient tapés sur un clavier et convertis de telle sorte que l'information donnait lieu soit à une réponse écrite, soit à la simulation d'une série d'actions. Ainsi l'écran vidéo montrait ce qui se serait réellement passé si un vrai robot avait exécuté ces mêmes « ordres ».

*Comment « SHRDLU » peut-il exécuter sa double fonction : sa préoccupation avec les « mots » — dialoguant avec vous — et sa préoccupation avec les « choses » — manipulant les blocs de son univers ?*

— Mon programme ne mettait pas l'accent sur les possibilités physiques du robot, mais plutôt sur l'interaction linguistique. Sa double préoccupation, comme vous l'avez justement souligné, était le rapport d'un robot avec le monde des objets et des mouvements, et, simultanément, avec le monde des questions et des ordres de l'informaticien. Le programme était composé d'un ensemble d'éléments nécessaires à la compréhension du langage : une composante traitant de la « syntaxe » — la structure grammaticale de la phrase —, une autre traitant de la « sémantique » — l'analyse de signification des mots — et la

1. « SHRDLU », programme informatique avant-gardiste, conçu par T. Winograd au MIT en 1971.

dernière avec la « logique » nécessaire pour répondre aux questions ou exécuter des actions complexes. Sur l'écran, on voyait le dessin de divers objets entassés sur une table ; des pyramides, des cubes, des sphères... Quand l'analyste-programmeur tapait sur le clavier de l'ordinateur : « Soulevez le cube rouge », on voyait un bras s'approcher du cube et se déplacer avec lui vers le haut de l'écran comme s'il était un vrai robot.

*Selon Descartes, « aucun homme n'est assez stupide pour ne pas pouvoir exprimer ses idées ». Ne serait-ce pas le problème clé des robots ?*

— Je ne suis pas sûr que le problème consiste en la possibilité d'exprimer des idées ou celle d'en avoir. L'ordinateur est capable de stocker ou de manipuler des idées humaines, mais d'une certaine façon, il n'a pas plus d'idées qu'un livre ; ainsi les obstacles concernant l'utilisation du langage par les ordinateurs deviennent fondamentaux lorsqu'il s'agit pour eux d'utiliser la connaissance.

*Est-ce à cela que Chomsky faisait allusion en disant que « l'ordinateur peut atteindre le niveau de la "performance verbale" de l'homme, mais jamais sa "compétence théorique" » ?*

— Si nous prenons « compétence théorique » dans sa signification générale, je serais d'accord pour dire que l'ordinateur peut traiter des structures du langage tandis qu'il échoue au sujet de la compétence dans le monde. Mais Chomsky donne une signification plus spécifique à la « compétence théorique » en distinguant la capacité de reconnaître des phrases — ce qu'il appelle la « compétence » — de la capacité réelle d'utiliser le langage — ce qu'il appelle la « performance ». Et dans ce sens, en effet, l'ordinateur peut atteindre une performance humaine, mais ne peut pas atteindre sa « compétence théorique ».

*Si l'apprentissage, pour un robot, ne signifie principalement que stocker davantage d'information, ne pourrait-il néanmoins acquérir des processus de « formation » plus élaborés ?*

— Une grande partie de la recherche en intelligence artificielle traite de l'apprentissage non plus comme un processus de stockage de l'information; mais comme ayant trait à sa réorganisation. L'ordinateur démarre avec un dispositif de « stockage de base » et, durant la collecte de l'information, cette « connaissance » est réorganisée, restructurée plus efficacement selon les besoins. Il existe donc des processus d'apprentissage plus élaborés mais ils sont encore entravés par la « structure initiale » de la machine. Ce qu'un ordinateur peut apprendre est déterminé, d'une certaine manière, par ce qu'il sait déjà, et il est difficile d'imaginer la création d'une structure suffisamment générale et ouverte pour qu'elle puisse donner lieu à une pensée innovatrice.

*La finalité serait donc incluse dans les conditions initiales ?*

— Peut-être pas les formes exactes des structures finales, mais certainement le « cadre » au sein duquel elles peuvent évoluer.

*Dans une conversation normale, les interlocuteurs saisissent le « sens » non seulement grâce à leur entendement mais aussi grâce à une compréhension extralinguistique. Un robot pourra-t-il jamais y parvenir ?*

— Il y a une théorie linguistique qui considère le langage avant tout sous sa forme syntaxique, avec une structure logique et formelle comme un théorème mathématique. Dans la réalité, cette structure ne constitue qu'une parcelle d'une langue qui véhicule simultanément tout un ensemble de significations implicites. De ce fait, l'informaticien doit inclure dans son logiciel tout l'ensemble du contexte culturel.

*D'autant plus que la signification est aussi transmise par les intonations et les gestes...*

— Ce domaine de la communication extralinguistique n'a été qu'à peine effleuré par les informaticiens.

*Si le langage ne décrit pas seulement les événements mais les façonne selon la vision du monde qu'il véhicule, un ordinateur pourrait-il jamais être capable de traduire ?*

— Il me semble déceler deux versants à votre question : d'une part, le fait que la langue est une « action » et non pas une simple « représentation » — quand je m'exprime, je ne décris pas uniquement l'état du monde, mais en vertu de ma parole, le monde est devenu autre. Cela est particulièrement évident quand il s'agit d'une promesse telle que « je viendrai demain » car, par cet acte de parole, je modifie la situation. L'ordinateur, n'étant pas un membre de notre société, n'est donc pas qualifié pour agir par la parole. La traduction, par contre, ne soulève pas ce problème, car elle n'est, au fond, que la reformulation d'une certaine structure linguistique en une autre ; son problème majeur consisterait avant tout dans la compréhension des motivations humaines, à savoir pourquoi on s'exprime de préférence ainsi et non autrement, plutôt que de savoir à quoi ces mots font référence.

*« L'humanité ne se pose que les questions auxquelles elle peut répondre », disait Marx. Est-ce la raison pour laquelle les ordinateurs se retiennent de « questionner » ?*

— Si les ordinateurs « se retiennent », ce n'est pas uniquement parce qu'ils sont incapables de répondre, mais parce qu'ils ne possèdent pas la structure qui leur permettrait de prendre l'initiative de questionnner. Les ordinateurs dont les programmes « savent » poser des questions interrogent d'abord leur interlocuteur humain ; d'une certaine façon, ils ne sauront jamais répondre eux-mêmes et s'en remettent à l'homme. Selon moi, le problème consisterait plutôt en une absence de structure conceptuelle capable dc motiver le « questionnement ».

*Serait-il possible de la concevoir un jour ?*

— Il est possible de concevoir des programmes informatiques ayant un ensemble étendu d'instructions de base, de sorte qu'ils puissent formuler des questions spécifiques. Néanmoins il me semble improbable que l'ordinateur puisse jamais poser des questions qui n'étaient pas prévues par l'informaticien.

*Une sorte de question qui émergerait de l'hémisphère droit du cerveau ?*

— Il n'y a certainement rien en informatique qui correspondrait actuellement à cela.

*Pourquoi avez-vous choisi de collaborer avec Fernando Flores, philosophe et ancien ministre de l'Économie d'Allende, plutôt qu'avec un autre scientifique, pour élaborer votre livre* L'Intelligence en question *?*

— C'est en fait le contraire qui s'est produit : notre collaboration est venue d'abord et le livre ensuite. Lorsque Fernando Flores fut libéré de prison au Chili, il est venu travailler à l'université Stanford ; nous avons alors entamé une longue série de dialogues durant lesquels nous avons discuté de sujets analogues à ceux que nous venons d'évoquer. Ces conversations furent d'un grand enrichissement mutuel et donnèrent naissance au livre.

*En quoi Fernando Flores vous a-t-il stimulé ?*

— Ayant été impliqué dans la vie politique, il était très conscient de l'impact social du langage et de son profond lien avec l'action, tandis que, par ma formation de mathématicien/informaticien, je considérais le langage plutôt comme un système formel. Grâce à son influence, j'ai donc révisé ma conception.

*Votre récente étude sur les processus cognitifs des utilisateurs du langage a cerné les étroites interrelations qui existent entre la pensée, la langue et l'action...*

— Il me semble qu'actuellement nous comprenons davantage ces interactions ; il n'y aura néanmoins pas de formule magique telle que $E = mc^2$ à découvrir dans un tel tissu de complexité. Notre recherche ressemblerait plutôt à celle de l'historien ou de l'archéologue examinant minutieusement une accumulation d'informations, afin d'y déceler l'émergence de certaines structures. Si nous considérions le langage comme une « action » plutôt que comme une « représentation », nous devrions alors réexaminer les structures linguistiques elles-mêmes, afin de voir les correspondances qui existent entre elles et les actions effectuées grâce au langage. Et si nous concevions des ordinateurs susceptibles d'aider les gens dans leurs tâches, ils devraient être structurés selon la conception du « langage comme action », qui diffère de celle du traitement de l'information.

*Mais notre gamme d'activités est illimitée ; nous travaillons, marchons, rions ; comment pouvez-vous analyser un tel éventail de possibilités ?*

— Nous sommes particulièrement intéressés par le genre d'action effectuée par le langage. Je peux créer une promesse, ou même toute une nouvelle organisation sociale, grâce aux « actes de parole », mais je ne pourrais jamais manger mon sandwich avec une phrase. Donc, parmi la gamme étendue des actions humaines, il en est un nombre plus restreint qui est linguistique et sur lequel nous travaillons.

*Cela nous amène à votre analyse des multiples possibilités de l'informatique : pensez-vous que nous inaugurions la révolution informatique par laquelle les ordinateurs s'empareraient du pouvoir des « décideurs » ?*

— Je ne pense pas que ces problèmes soient d'ordre technique, mais plutôt d'ordre politico-économique, et leur solution dépend donc de la manière dont l'*establishment* aurait décidé d'utiliser les ordinateurs. Une personne peut accepter une décision générée par un programme informatique, elle peut même s'effacer complètement en laissant toute l'initiative à l'ordinateur, mais finalement c'est tout de même elle qui sera responsable de toutes ces décisions, puisque c'est elle qui a « conditionné » l'ordinateur. Dans de telles circonstances, les ordinateurs ne pourraient s'emparer du pouvoir décisionnel. Aussi la question essentielle serait plutôt de savoir si les gens qui acceptent les décisions générées par le robot sont prêts à garder le pouvoir de décision, et, si c'était le cas, dans quels domaines et à quelles fins ?

*En poussant ce raisonnement à l'extrême, est-ce que l'informatique évoluerait différemment selon les régimes politiques des pays ?*

— La technologie ne détermine pas ses usages : aucune technique ne peut être utilisée de n'importe quelle façon et chaque appareillage ne permet qu'une certaine gamme d'applications. Par exemple, les ordinateurs peuvent être très efficaces pour promouvoir la communication dans une société décentralisée : si j'écris un roman et souhaite le diffuser, je dois d'abord le publier, ce qui signifie qu'une personne influente dans le monde de l'édition devrait l'approuver. S'il existait un réseau de communication informatisé, je pourrais mettre mon roman à la disposition des intéressés sans aucune autorisation préalable. Dans ce sens, l'informatisation aiderait à la décentralisation, ainsi qu'à la réduction du contrôle. Mais, simultanément, les ordinateurs peuvent aussi être utilisés par un censeur gouvernemental afin d'examiner toutes les informations diffusées et d'empêcher ainsi d'écrire librement. Le même dispositif, le même ordinateur, pourrait donc être utilisé à des fins très différentes, voire contradictoires.

17

## Seymour Papert*, ou la tortue Logo

*Seymour Papert a entrepris de mettre l'intelligence artificielle au service de la pédagogie et, d'une manière générale, de transformer la culture informatique en un instrument de solidarité sociale. Il est l'inventeur d'un langage de programmation clair et structuré qui permet aux enfants, même très jeunes, de déplacer un curseur nommé « Tortue » sur un écran, de réaliser ainsi des figures géométriques très élaborées et d'accéder par là même à la compréhension des concepts mathématiques qui s'y trouvent schématisés. La tortue Logo est à Papert ce que la pomme est à Newton : le symbole d'une science dédiée au sens commun. Grâce à elle, l'intelligence artificielle promet d'élucider les démarches par lesquelles nous apprenons et pourrions mieux apprendre encore.*

*L'ambition est noble, tout entière dressée contre l'asservissement de l'homme par la machine. Papert ne s'est pas fait en vain l'artisan du Centre mondial pour le développement des ressources humaines. Reste que sa démarche théorique reflète avec acuité les termes du débat qui par-*

* Mathématicien et informaticien, professeur au Massachusetts Institute of Technology (MIT).

*tage les sciences cognitives : le cerveau paraît fonctionner, selon lui, comme un ordinateur qui aurait la propriété de faire des expériences, du type de celles dont la psychologie génétique de Piaget offre la description. La pensée obéit, en ce sens, à un fonctionnement algorithmique, c'est-à-dire qu'elle procède, dans la résolution d'un problème, à l'enchaînement de petits « modules » réglés par des directives clairement formulables. C'est justement pour cela que l'enfant doit pouvoir s'approprier l'ordinateur et l'homme maîtriser l'univers des machines.*

## Bibliographie

*Jaillissement de l'esprit. Ordinateur et apprentissage,* Flammarion, Paris, 1981.

*Si, jusqu'à maintenant, l'ordinateur calculait et stockait docilement des informations, le futur robot raisonneur, ce « Golem » intelligent de la cinquième génération, n'essaierait-il pas de s'emparer du pouvoir des décideurs dans la cité* * ?

— Il est sûr que la machine va essayer de s'emparer du pouvoir, mais cela ne pourrait se faire que grâce à la complicité de certains hommes. Ce n'est d'ailleurs pas un problème scientifique ou technologique, mais une question sociale et politique. C'est donc à nous, citoyens du monde, de décider si les choses doivent se passer ainsi ou non. Mais il est certain que les forces qui choisissent cette voie-là sont très puissantes, et que leur résister constitue un défi politique.

*Le clivage idéologique entre partisans et adversaires du machinisme correspondrait-il à celui qui existe entre technocrates et écologistes ?*

— La ligne de séparation pourrait évoquer un certain clivage entre droite et gauche, dans la mesure où les « pou-

* Entretien de 1984.

voirs », les militaires et les industriels se trouvent de façon générale plutôt du côté du pouvoir de la machine. Ce ne sont pas eux qui nous encourageront dans notre lutte contre les robots.

*Mais, puisque l'« establishment » possède déjà le pouvoir, quel avantage lui apporterait la machine ?*

— Il ne s'agit pas seulement de politique, mais aussi de sociologie : il est inscrit dans la nature même des machines de conférer du pouvoir. Or, dans le contexte concurrentiel qui existe entre décideurs, ceux-ci s'imposent mutuellement la création de machines de plus en plus puissantes...

*Afin de mieux dominer les autres ?*

— Certes. Est-ce que cela va finir par dominer aussi les dominateurs ? Historiquement, les classes dominantes sont incapables de renoncer au pouvoir, même lorsqu'il est évident que celui-ci va les détruire : le vieux Marx nous a appris que c'est le moteur de l'histoire !

*Nous sommes déjà en présence d'une société automatisée et atomisée, mais le jour où chacun se cramponnera à son terminal pour s'informer, travailler et même se divertir, ne serons-nous pas alors en plein scénario orwellien ?*

— Ce n'est pas l'ordinateur en soi qui isole les hommes, mais la culture ambiante dans laquelle il « trône »... La question primordiale pour l'avenir de l'homme est de savoir si la « culture informatique » va évoluer dans ce sens orwellien de l'isolement, ou bien au contraire comme un instrument de solidarité culturelle et d'insertion sociale. Il s'agit avant tout du choix d'un mode de vie. Rien, dans la technologie même, n'indique la direction qu'elle devrait prendre. On le voit clairement avec l'expérience Logo : alors que les emplois classiques de l'ordinateur tendent à renfermer l'enfant sur lui-même, Logo permet, parce qu'il a été conçu dans cette intention, une socialisation et une solidarité accrues. Cette activité informatique n'a son plein sens que dans le partage avec les autres. Dans les écoles Logo, on constate donc beaucoup plus d'interactions entre les enfants que dans les écoles classiques. Je pense d'ailleurs que la chose le plus excitante qu'ait faite Logo était d'attirer à l'ordinateur les humanistes parmi les enseignants.

*Jusqu'à présent, l'ordinateur servait à « programmer » l'enfant, tandis que votre pédagogie avant-gardiste cherche, au contraire, à le rendre maître de la machine ; cette voie ne serait-elle pas néanmoins utopique, puisque réservée à une élite ?*

— Je consacre justement la moitié de mon énergie à empêcher que les bénéfices de l'ordinateur ne soient réservés principalement aux enfants riches, ce qui serait la tendance naturelle dans notre société élitiste. Or, le problème majeur est que non seulement les enfants pauvres ont moins d'ordinateurs, mais que ceux-ci sont de surcroît employés d'une façon autoritaire et donc, selon moi, néfaste, tandis que dans les banlieues aisées les enfants ont le droit de se servir des ordinateurs d'une façon créatrice. Pour changer cet état de choses, nous essayons de mobiliser les parents et les dirigeants, et je pense qu'on assistera, dans les cinq années à venir, à de fortes revendications politiques au sujet de l'éducation et de l'informatique.

*Dans le célèbre débat opposant H.A. Simon, qui soutient que « les machines seront capables de penser, apprendre et créer », à Hubert Dreyfus qui riposte qu'« on ne pourra jamais programmer notre pensée, car nous ne sommes pas de purs esprits », à qui l'avenir donnera-t-il raison ?*

— Aux machines, pardi !

*Sérieusement ?*

— J'espère que l'ordinateur ne sera jamais capable de « penser » comme nous, parce que nous avons la volonté politique et sociale de l'en empêcher.

*Vous êtes pourtant parmi ceux qui essaient de rendre les ordinateurs aussi intelligents que possible...*

— Ah... on ne peut pas entraver le progrès de la science. Pour moi, l'essentiel de la recherche en intelligence artificielle réside dans la tentative de comprendre la nature même de l'intelligence. Tout ce que nous cherchons à faire grâce à Logo, c'est de contrecarrer la tendance des écoles classiques, qui consiste à séparer le travail intellectuel de l'activité physique de l'enfant. Le propre de notre « tortue » — qui est à la fois instrument et métaphore — est d'être une espèce d'objet transitionnel entre l'abstraction et le concret, qui permet ainsi à l'enfant d'établir des ponts entre sa connaissance intuitive et sa pensée abstraite.

*On ne peut cependant pas ignorer le conflit qui divise l'Artificial Intelligentsia sur la question de savoir si l'ordinateur pourrait égaler l'intelligence humaine ou s'il ne peut que « simuler » la pensée, reflétant ainsi uniquement son programme.*

— Je doute qu'il y ait encore des gens sérieux qui continuent à soutenir que la machine ne fait que ce pour quoi elle a été programmée. Ce n'est simplement pas vrai ! Les informaticiens qui créent un programme complexe sont incapables d'anticiper toutes les situations, tous les problèmes qui seront posés à l'ordinateur ; ils essaient donc de capter des « principes généraux » et de les « implanter » dans l'ordinateur, de sorte que celui-ci s'en servira le cas échéant, souvent avec des résultats surprenants pour le programmeur lui-même. Il existe tellement d'exemples étonnants qu'il n'est plus permis de dire que la machine n'exécute que ce qu'on lui a ordonné de faire. Prenez le célèbre programme d'ordinateur jouant aux dames conçu dès 1950 par Arthur Samuel : la victoire remportée sur son propre concepteur avait alors symbolisé le commencement d'une ère nouvelle.

*Justement, il y a ceux qui prétendent que les « machines pensantes » de l'an 2000 seront aussi intelligentes que l'homme : mais celui-ci ne possède-t-il pas une qualité inatteignable par l'ordinateur, à savoir sa capacité intuitive et imaginative à faire face à l'imprévu ?*

— Cette question soulève une problématique fondamentale : la compréhension de l'« intelligence humaine ». Lorsqu'on évoque la « capacité intuitive et imaginative », on se fonde sur un modèle culturel de l'homme, sur une représentation mentale qui sépare l'« intellectuel » de l'« intuitif ». Mais ce clivage suppose déjà une théorie préexistante permettant cette différenciation. Or je ne pense pas que ces distinctions soient si simples.

*L'ordinateur pourrait-il alors faire face à l'imprévu ?*
— Mais c'est évident ! En jouant aux échecs, il ne fait que cela ! Car si vous vous trouvez dans une situation où ce que fait l'autre est prévu, vous n'avez naturellement aucun problème pour le battre !

*Je faisais plutôt allusion à la part inintentionnelle de l'existence quotidienne, c'est-à-dire aux hasards de la vie...*
— Les ordinateurs, n'ayant pas de pieds, ne descendent évidemment pas dans la rue ; on ne peut donc pas soutenir que la machine ne peut pas faire face aux imprévus « triviaux » de la vie, mais seulement aux imprévus « sérieux » du jeu d'échecs ! Aucun théoricien n'a prouvé jusqu'ici de façon irréfutable ce que peut réellement faire la machine. Il se peut d'ailleurs qu'il existe des choses que la machine ne peut pas faire ; mais chaque fois que quelqu'un a essayé de fixer un « seuil », celui-ci a été aussitôt dépassé. Il faut donc se rendre à l'évidence ; l'actuelle différenciation entre ce que peut faire une machine et ce que peut réaliser un homme n'a pas de fondement solide...

*L'ordinateur serait-il capable de dépasser son concepteur, en découvrant quelque chose de totalement inconnu ?*
— Avez-vous déjà découvert quelque chose de totalement inconnu ?

*Je ne suis pas un génie...*
— Mais qui l'est ?

*Esinstein a découvert une théorie totalement inconnue...*
— Voulez-vous dire que les robots peuvent faire comme nous autres, et que c'est seulement Einstein qui est différent ? Cette thèse n'est pas très réconfortante, car vous souhaitez que la machine ne soit pas « ordinaire » comme nous, mais « géniale » comme Einstein...

*Mais chacun, dans sa petite créativité, fait de temps en temps quelque chose qui n'était pas « programmé » en lui...*

— La machine a, elle aussi, sa petite créativité, faisant ainsi des choses surprenantes... Un moment très poignant dans l'histoire des ordinateurs a justement été celui où le programme de Samuel l'a battu. Ce fut un moment décisif, qui provoqua une grande émotion dans la communauté informatique. Les robots qui jouent aux échecs sont généralement beaucoup plus forts que leurs concepteurs. Il est d'ailleurs banal qu'une machine fasse quelque chose que son créateur ne saurait pas faire. Mais on pourrait toujours soutenir que l'ordinateur « puise » dans les connaissances que lui avait fournies son programmeur. Or, les notions d'Einstein ne sont-elles pas, elles aussi, fondées sur ce qu'il avait appris auprès des autres ?

*Il a su les « recombiner » d'une façon inédite...*
— Il y a de nouvelles combinaisons dans les têtes, il y a de nouvelles combinaisons dans les machines ! Et, de même qu'on ne peut pas établir de clivage entre connu et inconnu, logique et intuitif, on ne sait pas non plus le faire entre homme et machine. D'autant plus que l'on *veut* que ce clivage persiste, à cause de la peur que l'on éprouve face à cette « chose » ; il y a des raisons profondes à cela...

*Pouvez-vous les spécifier ?*
— Il est absolument enraciné dans l'expérience enfantine de chacun que l'édification du « soi » par rapport au monde inanimé joue un rôle fondamental : « nous ne sommes pas comme ces trucs-là » ; toutes les machines, tous les objets sont « autres ». Or on continue à protéger cette construction, ne serait-ce que sur le plan inconscient, durant toute la vie.

*Comment se fait-il alors que vous, Seymour Papert, ne craigniez pas la machine ?*
— Mais j'en ai peur ! Seulement je l'exprime autrement ; en luttant, en mettant entre les mains des enfants des ordinateurs qui les protègent contre eux, et en leur apprenant à les maîtriser.

*Pourquoi en avez-vous peur ?*

— Nous avons tous peur de tout ce qui menace l'intégrité, l'unicité du soi.

*Ce constat d'une « menace » est l'expression d'une certaine culture car, en fin de compte, l'ordinateur pourrait aussi être un « ami »...*

— Mais nous sommes, par définition, tous prisonniers d'une culture ; sans elle, nous n'existerions pas, nous serions vraiment des machines.

*Dans le processus d'apprentissage « piagétien » comme dans le vôtre, l'interaction stimule l'enfant à construire ses propres structures intellectuelles ; pourquoi cette méthode n'est-elle pas davantage pratiquée dans l'école classique ?*

— Le propre de la pensée piagétienne est que la connaissance est créée par l'enfant grâce à un processus d'interaction. L'essentiel de l'apprentissage consiste à essayer de s'en servir. C'est en utilisant des concepts qu'on les élabore. Les connaissances qui sont « appropriables » par les enfants, comme le mouvement ou la rhétorique, sont vite apprises. Pythagore est intéressant, mais il est rare que l'enfant puisse trouver une façon de l'intégrer dans ses préoccupations réelles, et c'est là que réside l'obstacle. Alors que l'ordinateur est un instrument que l'on peut dominer, asservir, à l'aide de notions mathématiques. Celles-ci deviennent du coup très puissantes...

*Sont-elles ainsi devenues concrètes, palpables ?*

— On y décèle deux aspects : c'est, en effet, palpable, mais c'est surtout utile, puissant, on peut faire des choses avec ! Car toucher ne suffit pas pour intégrer le concret ; il faut encore le manipuler pour des buts fondamentaux ; il faut lui octroyer une importance vitale pour qu'il soit assimilé.

*Comment les enfants relèvent-ils, à l'aide d'un « micromonde » d'apprentissage informatique, le double défi apparemment paradoxal d'exercer à la fois une démarche analytique et de donner libre cours à leur imagination créatrice ?*

— Le clivage réel que je verrais n'est pas celui qui différencie l'analytique de l'intuitif, mais plutôt celui qui existe entre les choses qui sont enracinées dans la vie ordinaire, dans la vie quotidienne, et les connaissances abstraites qui y sont faiblement enracinées.

*La différence qui existerait entre le concret et le théorique ?*

— Celle-ci n'existe pas dans la nature même des connaissances : elle est spécifiée selon chaque culture. Ce n'est qu'accidentel si certaines d'entre elles ont des points d'appui dans nos vies concrètes et sont d'emblée bien assimilées par les enfants. On les considère alors comme « intuitives », alors que les autres sont jugées « analytiques », « formelles » ou « difficiles ». Or, le propre de l'ordinateur est de conférer justement un enracinement concret aux connaissances qui ne l'étaient pas auparavant. Leur coexistence ne paraît paradoxale que dans la mesure où l'on considère ce clivage comme absolu...

*Serait-il alors relatif mais arbitraire ?*

— Parce qu'il est historique...

*Dans notre monde occidental il est ainsi, tandis qu'en Nouvelle-Guinée il serait tout autre...*

— Probablement...

*Si, selon McLuhan, « le médium est le message » et que nous assistions déjà à un changement culturel, en quoi le comportement d'un « enfant-ordinateur » se différenciera-t-il de celui d'un « enfant-crayon ? »*

— J'aimerais tout d'abord apporter une précision : je ne pense pas que l'ordinateur en soi puisse faire quelque chose qu'il serait impossible de faire sans lui, ne serait-ce que parce que l'enfant pourrait l'inventer et interagir avec lui dans son jeu imaginaire. Évidemment, lorsque l'ordinateur est concret, palpable, il s'intègre davantage dans le comportement. On voit donc, *grosso modo*, les enfants penser en d'autres termes, exactement comme les scientifiques, puisque aujourd'hui la pensée psychologique, presque sans exception, est colorée par la présence informatique. Ce ne sont pas seulement les Simon qui en sont influencés, mais aussi les anti-Simon...

*En quoi consiste cette influence ?*

— L'enfant se sert de l'ordinateur comme point de repère pour sa pensée. Lorsque Piaget, dans les années vingt, a étudié la notion du « vivant » chez les enfants, il a découvert que la catégorie fondamentale était le « mouvement » : ainsi, le nuage ou le soleil étaient vivants. Tandis que, face à l'ordinateur, l'enfant ne discute plus s'il est vivant en termes physiques, mais en termes psychologiques[1].

*Une petite plaisanterie pour finir : selon vous, les principes mathématiques facilitent l'apprentissage, c'est-à-dire la maîtrise de l'environnement ; pourtant, Einstein avait déjà averti : « Pour autant que les lois mathématiques renvoient à la réalité, elles sont incertaines, et pour autant qu'elles sont sûres, elles ne font plus référence à la réalité. »*

— Ah... Je choisirais la première éventualité, c'est-à-dire qu'elles sont incertaines... Tout l'est, de toute façon...

*Même les mathématiques ?*

— Certes. Toutes les réponses sont incertaines, parce qu'elles sont culturelles, sociales et politiques. Le monde est plein de futuristes : les utopistes veulent que l'ordinateur puisse trouver des solutions à tous nos problèmes, alors que les sceptiques nous préviennent des dangers inhérents à cette machine. Or je pense que les deux ont tort : cet avenir informatique *est à faire* ; c'est donc un *acte de choix* qu'il soit un avenir orwellien ou qu'il soit un avenir humain !

---

1. La meilleure étude à ce sujet a été faite par Sherry TURKLE dans *The Second Self, Computers and Human Spirit*, Simon & Schuster, New York, 1984 (trad. française : *Les Enfants de l'ordinateur*, Denoël, Paris, 1986).

## 18

## Pierre Lévy* : les dangers de la « machine univers »

*La « machine univers », c'est évidemment l'ordinateur qui semble réaliser le vieux rêve de l'humanité : celui d'une machine universelle, capable de « tout » calculer. Mais il s'agit de bien davantage, puisque l'informatisation croissante de la société suscite, aussi, une nouvelle vision du monde. C'est cette véritable mutation anthropologique, comparable seulement à celle de l'écriture, que Pierre Lévy analyse si brillamment dans ses ouvrages. C'est à partir d'une vaste enquête sur les nouvelles techniques de la création scientifique et artistique qu'il esquisse les lignes de force de notre nouvelle culture. Il prouve que les simulations numériques et la mise en algorithmes des raisonnements scientifiques nous amènent à considérer les objets physiques, et même les sujets humains, comme de simples systèmes de traitement de l'information, en effaçant ainsi cette partie essentielle du réel qui ne sera jamais réductible au calcul.*

* Philosophe, maître de conférences à l'université de Parix-X-Nanterre.

## Bibliographie

*La Machine Univers. Création, cognition et culture informatique,* La Découverte, Paris, 1987.

*Les Technologies de l'intelligence. L'avenir de la pensée à l'ère informatique,* La Découverte, Paris, 1990.

*L'Idéographie dynamique,* La Découverte, Paris, 1991.

*Comment l'informatique — cette reine de la technoscience — réussirait-elle à modifier notre mode de vie à tel point qu'une réelle mutation anthropologique verrait le jour * ?*

L'informatique affecte aujourd'hui la plupart de nos activités socio-culturelles, à savoir la science, l'art ou le pouvoir politique. Pour comparer les effets de cette nouvelle mutation à ceux de l'écriture, je me suis fondé sur des travaux anthropologiques ayant mesuré le changement culturel provoqué par l'apprentissage de l'alphabet. En effet, on a constaté une transformation radicale dans les manières de penser : en culture orale, on pensait par « situations », alors que, grâce à la culture écrite, on réfléchit par « catégories ». Or, avec l'informatisation, on constate l'émergence d'un nouveau type de gestion sociale des connaissances : on pense à l'aide de « procédures formelles », de « modèles computationnels ». Ce nouveau paradigme qui va profondément changer notre vision du monde est celui de l'« information opérationnelle » qui se fonde sur le calcul et l'analyse.

---

* Entretien de 1990.

*De quelle façon va-t-il changer notre vie ?*

— Il suffit de se rendre compte qu'aujourd'hui l'informatique est une technologie de gestion des techniques. Elle est devenue une « technoscience » au deuxième degré, car elle gère nos relations avec le « technocosme », non seulement matériellement, mais aussi mentalement : voyez l'utilisation accrue des codes, des algorithmes, des programmes. Le mode d'accès à la culture se fait désormais par minitel, et les enfants apprennent grâce à l'enseignement assisté par ordinateur. L'informatique est devenue une nouvelle « peau », gérant nos relations avec l'environnement.

*Mais pour arriver à modifier notre vision du monde, ne devrait-elle pas dépasser son état d'« outil » ?*

— Il est vrai que l'informatique est effectivement considérée comme un instrument ; or, il s'agit plutôt de nouvelles « lunettes » à travers lesquelles on voit le monde d'une manière différente. C'est avant tout une nouvellle manière de réflexion, d'information, grâce auxquelles notre vision du monde est radicalement transformée.

*Prenons un exemple : la machine à traitement de textes changerait-elle notre manière d'écrire ?*

— Bien sûr. Pour ceux qui s'en servent régulièrement, le texte « stocké » n'est plus considéré comme le but « à obtenir » mais plutôt comme « la matière première » à partir de laquelle ils le retravailleront. Ils ont donc tendance à « écrire » de façon modulaire, de manière à pouvoir recombiner ces fragments de texte pour une nouvelle utilisation. Vous voyez déjà la conséquence sur le produit final : de moins en moins de synthèses globales mais davantage une écriture combinatoire.

*Si l'on programme à Shanghaï comme à Rio ou à Dakar, cette universalisation du traitement logique de l'information implique-t-elle le triomphe de l'esprit cartésien ?*

— Vous connaissez les règles de la « méthode » selon Descartes : il s'agit de diviser les difficultés, de privilégier l'esprit analytique. Ainsi, tout ce qui n'était, auparavant, qu'une exigence philosophique devient maintenant une nécessité pratique. Pour maîtriser les machines, pour devenir un « citoyen de la nouvelle culture informatisée », il faut savoir formaliser. Ce processus d'explication, de mise à plat des savoir-faire, des connaissances doit être désormais effectué systématiquement. Or, cette méthode, conçue au départ uniquement pour maîtriser l'ordinateur, exerce aussi un effet important sur notre propre manière de penser, de connaître et d'appréhender le monde.

*Comment un système expert, même gavé de connaissances, pourrait-il égaler un expert humain, si le « savoir-faire », qui est aussi intuitif, n'est pas entièrement informatisable ?*

— L'idée de remplacer les experts par des machines est presque abandonnée car on sait que celles-ci n'arrivent, au mieux, qu'à 70 % des résultats obtenus par les humains. Mais le véritable enjeu des systèmes experts est de trouver une méthode efficace pour stocker les savoir-faire, ce dont l'écrit était incapable : il ne permettait que d'emmagasiner la théorie. Il s'agit donc d'une expérience totalement nouvelle de gestion des savoirs collectifs. Parce que l'expert, qui utilisait des « techniques mentales » largement orales (on apprenait par imitation, par expérience), est obligé maintenant de tout expliciter pour la mise en mémoire écrite de chaque geste. Ainsi, le savoir pourra être dupliqué et utilisé par tous. Il s'agit donc d'un processus où l'on voit se produire, en actes, le changement d'un système culturel à un autre.

*Serait-ce un moyen pour la société de capter sa « mémoire » ?*

— Exactement. C'est d'ailleurs la raison pour laquelle les entreprises s'intéressent tant aux systèmes experts : il s'agit d'un enjeu économique considérable si l'on réussit à valoriser les connaissances des experts. Mais ce processus est beaucoup plus compliqué qu'il ne paraît : en réalité, l'expert n'applique pas de règles logiques à ses « programmes » (inconscients) qu'il s'agirait tout simplement d'exprimer consciemment. Si l'on veut donc que ce processus de transfert d'expertise se fasse correctement, il faut abandonner l'idée que l'expert fonctionne comme une machine. Paradoxalement, c'est quand l'intelligence artificielle a renoncé à ses hypothèses stipulant l'analogie entre l'homme et la machine qu'elle a réussi à progresser.

*L'information électronique des réseaux télé-informatiques (indispensable aux spécialistes/décideurs) coûte cher ; sa possession va-t-elle accentuer les clivages socio-professionnels ?*

— Qui utilise actuellement les bases de données ? Essentiellement les décideurs dans les domaines stratégiques, économiques et scientifiques. Or, de tout temps, les centres de pouvoir ont été au nœud de grands réseaux de communication. De ce point de vue, ce processus accélère une tendance qui existait déjà. En revanche, on peut constater un nouveau clivage social qui est en train de se créer entre les concepteurs de grands systèmes technologiques et leurs utilisateurs. Ces derniers sont de plus en plus dépendants de ceux qui ont conçu le système qui conditionnera finalement le monde dans lequel ils doivent vivre et décider. Et là, nous assistons, en effet, à un phénomène très étonnant : des gens qui étaient auparavant au centre décisionnel des pouvoirs économiques, militaires, scientifiques se trouvent eux-mêmes subordonnés à des « systèmes » conçus par ceux qui inventent les nouveaux outils de l'information.

*Le savoir serait-il ainsi devenu le pouvoir ?*

— Je ne crois pas que les concepteurs de grands systèmes informatiques cherchent le « pouvoir ». Ils exercent leur activité créatrice, presque ludique, de conception de systèmes inédits, avec passion. Et nous sommes tous, d'une certaine manière, « prisonniers » de ces systèmes de communication conçus par une science dont nul ne pouvait prévoir qu'elle redéfinirait aussi radicalement notre rapport au monde.

## Sources

### I. LE DÉSORDRE ORGANISATEUR

René THOM. — « Les hérésies scientifiques. » *Nouvelles Clés*, 1er mars 1991.

Ilya PRIGOGINE. — I. « La Nouvelle Alliance d'Ilya Prigogine », *Le Monde*, 9 mai 1982. — II. « Qu'est-ce que le paradoxe du temps ? », à paraître dans *Libération*.

Henri ATLAN. — I. « Henri Atlan, biologiste et talmudiste », *Le Monde*, 14 juin 1981. — II. « Atlan et à raison », *Libération*, 22 octobre 1986. — III. Entretien concernant le livre *Tout, non, peut-être*, paru dans *Esprit*, 1er septembre 1991.

Edgar MORIN. — « Edgar Morin l'Encyclopédant », *Le Monde*, 29 novembre 1981.

Paul FEYERABEND. — « Paul Feyerabend, anarchiste de la connaissance », *Le Monde*, 28 février 1982.

Jean-Pierre DUPUY. — « La complexité de la complexité », émission diffusée sur *France-Culture*, le 22 septembre 1984.

Bernard D'ESPAGNAT.— Entretien concernant le livre *Une incertaine réalité*, paru dans *Progetto Cultura*, 1er janvier 1988.

Fritjof CAPRA. — « De la physique au bouddhisme », *Le Monde*, 15 mai 1983.
Hubert REEVES. — « Hubert Reeves et l'origine du monde », *Le Monde*, 25 décembre 1983.
Albert JACQUARD. — « La science n'a pas à "améliorer" l'homme », *Le Monde*, 26 septembre 1982.
Jean-Pierre CHANGEUX. — « Une biologie de l'esprit », *Science et Technologie*, 1er janvier 1990.
Jean-Marc LÉVY-LEBLOND. — Entretien concernant la « création de l'ordre par le désordre », 1991, inédit.
Jacques ATTALI. — I. « A l'ombre des machines dévorantes... », *Le Monde*, 16 septembre 1984. — II. « Nous entrons dans une période radicalement neuve », *Science et Technologie*, 2 avril 1990.

II. L'INTELLIGENCE ARTIFICIELLE : MYTHE OU RÉALITÉ ?

Heinz VON FOERSTER. — « Pionnier de la cybernétique », *L'Événement du jeudi*, 13 décembre 1984.
Hubert DREYFUS. — « Les ordinateurs ne seront pas beaucoup plus intelligents dans cent ans », *Dynasteurs*, 1er novembre 1990.
Edward FEIGENBAUM. — « L'homme est une mécanique : un jour, il y aura des robots aussi intelligents que lui », *Dynasteurs*, 1er novembre 1990.
Herbert A. SIMON. — « L'ordinateur libéré de ses maîtres », *Le Monde*, 1er avril 1984.
Terry WINOGRAD. — « L'*Homo sapiens* et le robot pensant », *Le Monde*, 2 janvier 1983.
Seymour PAPERT. — « Et si l'ordinateur se mettait à penser... », *L'Événement du jeudi*, 29 novembre 1984.
Pierre LÉVY. — « La machine univers », *Science et Technologie*, 22 janvier 1990.

## Table

## II. L'INTELLIGENCE ARTIFICIELLE : MYTHE OU RÉALITÉ ?

Composition Charente-Photogravure
Achevé d'imprimer en septembre 1991
sur les presses de la SEPC, Saint-Amand (Cher)
Dépôt légal : septembre 1991
Numéro d'impression : 2103
Premier tirage : 4 000 exemplaires
ISBN 2-7071-2073-1

9 - Laplace - déterminisme